永恒的东风

中国科大故事

方黑虎　丁毅信　丁兆君　编著

中国科学技术大学出版社

图书在版编目(CIP)数据

永恒的东风:中国科大故事/方黑虎,丁毅信,丁兆君编著.—合肥:中国科学技术大学出版社,2018.8(2023.11重印)

ISBN 978-7-312-04522-6

Ⅰ.永… Ⅱ.①方… ②丁… ③丁… Ⅲ.中国科学技术大学—校史—史料 Ⅳ.G649.285.41

中国版本图书馆CIP数据核字(2018)第156366号

出版	中国科学技术大学出版社
	安徽省合肥市金寨路96号,230026
	http://press.ustc.edu.cn
	https://zgkxjsdxcbs.tmall.com
印刷	安徽国文彩印有限公司
发行	中国科学技术大学出版社
经销	全国新华书店
开本	787 mm×1092 mm 1/16
印张	11
字数	163千
版次	2018年8月第1版
印次	2023年11月第2次印刷
定价	60.00元

序　言

中国科学技术大学（以下简称"中国科大"）于1958年由中国科学院在北京创办，实行"全院办校、所系结合"的办学方针，为"两弹一星"工程培养后备人才。科教结合、名师云集的特点使得中国科大自诞生起就享有盛誉，建校第二年即入选全国首批16所重点建设高校。

南迁合肥后，中国科大迎难而上，励精更始，在坎坷中重新崛起，从曲折中迈向辉煌。20世纪70年代末80年代初，学校敢为人先，实施大规模教学改革：创办少年班、首建研究生院、建设高校中第一个大科学工程、面向世界开放办学，引领中国高等教育改革的新风向。中国科大借助"211工程""985工程"及"双一流"建设，力争率先在我国建成世界一流大学。

红专并进一甲子，科教报国六十年。岁月流逝，档案永存。学校档案馆珍藏了中国科大60年建设与发展留下来的档案资料，它们记录了科学大师筚路褴缕的创业历程和莘莘学子校园求学的青春岁月，承载了中国科大的精神与文化。但是档案对于历史的记录是平面的、片段的，很难将历史与人物立体、动态地展示在人们眼前。这本书从档案出发，多方搜寻史料和细节，带我们走向历史深处，用生动的文字讲述了与中国科大息息相关的人物故事，弥补了档案资料的不足，让我们更加了解中国科大背后的故事。

在这些故事里，有中国科大人科教报国的宏图与使命，有中国科大人追求卓越的激情与梦想，有中国科大人创新立校的孜孜以求，有中国科大人身处逆境的顽强拼搏。故事携带着中国科大人的家国情怀，呈现了中国科大人的喜怒哀乐，镌刻着中国科大的深深烙印，浸润了中国科大的文化和精神。

这本书讲述中国科大的历史故事，是希望这些故事能够引起中国科大人的文化共鸣，希望我们从中得到一些温暖和动力，在创造未来的大道上发力前行，并寻隙回望来时之路，不要因为走得太远而忘了为什么出发。

愿所有中国科大人不忘初心，砥砺前行！

中国科学院院士
国家最高科学技术奖获得者
2018 年 5 月 17 日

目 录

序言 ······ i
中国科学技术大学成立 ······ 001
邓小平与中国科学技术大学 ······ 006
"勤奋学习，红专并进"校风的由来 ······ 012
档案里的大爱 ······ 017
郭沫若：我们年轻的科学家应该懂点文学 ······ 022
郭沫若惠赠龚昇书法作品 ······ 028
郭沫若鼓励中国科学技术大学学子攀登科学高峰 ······ 031
严济慈：创寰宇学府　育天下英才 ······ 033
严济慈：中国科学技术大学是我的掌上明珠 ······ 038
华罗庚：一条龙教学法 ······ 043
华罗庚：不为个人而为人民服务 ······ 048
华罗庚：综合讨论班 ······ 053
华罗庚：自信与他助 ······ 057
钱学森：中国科学技术大学里的基础课 ······ 061
钱学森先生指导下的中国科学技术大学力学和力学工程系火箭小组 ······ 065
钱学森：编织院士和将军的摇篮 ······ 070
钱学森：关注中国科学技术大学的学科建设 ······ 077
郭永怀：有一种情怀叫报国 ······ 082
郭永怀：有一种奉献叫育人 ······ 088
李佩、郭永怀：有一种品质叫无私 ······ 091
李佩：有一种力量叫温暖 ······ 095
赵忠尧：诺贝尔奖的遗憾 ······ 101

赵忠尧：建设中国第一台质子静电加速器 ········ 105

赵九章：倡建中国第一所研究生院 ············ 109

赵九章：言传身教薪火传 ················ 113

钱临照：月是故乡明 ·················· 117

钱临照：请将我送回中国科学技术大学 ········· 120

怀念施汝为先生 ···················· 125

吴文俊：为科教兴国贡献力量 ·············· 127

毛泽东为钱志道题词 ·················· 132

李政道与少年班 ···················· 135

李政道与CUSPEA ··················· 140

中国第一台通用数字电子计算机——107计算机 ····· 145

晋曾毅：周恩来总理任命的副校长 ············ 149

中国科学技术大学1962届毕业生的故事 ········· 153

最宝贵的入场券丢了 ·················· 156

一枚纪念章 ······················ 158

南口农场里的劳动课 ·················· 160

《蛙鸣》：来自学生的学术刊物 ············· 164

一枚纪念封 ······················ 167

后记 ·························· 169

中国科学技术大学成立

1958年5月，中国科学院制定了发展人造卫星的计划，随之又成立了原子核科学委员会，我国的"两弹一星"工程拉开序幕。钱学森、赵九章、郭永怀、赵忠尧、钱三强等著名科学家开始组织并且参与这项工作，但由于我国科学技术基础薄弱，遇到了科技人才紧缺的瓶颈，国家急需一大批尖端科技人才。在这种历史背景下，中国科学院部分科学家提议依托中国科学院创办一所新型大学。

1958年5月21日，时任国务院副总理聂荣臻向中共中央书记处提交创办中国科学技术大学的报告。如今展现在大家眼前的就是这份被标注为"总号〔58〕117小平字336号"文件的档案材料。报告内容非常简短，算上落款和时间也只有一百余字，但是其中包含的信息却极其丰富，邓小平的批示和聂荣臻的办理意见已经大致描绘出中国科学技术大学的创办过程。

> 中央书记处：
>
> 　　中国科学院拟办一大学，我认为是可行的。昨与恩来同志面谈时，他也很赞成。校址科学院曾建议用原华北行政委员会旧址，我与彭真同志谈过请市委予以调整。请中央同意批准，以便立即着手筹备暑假招生。
>
> 聂荣臻
一九五八年五月二十一日

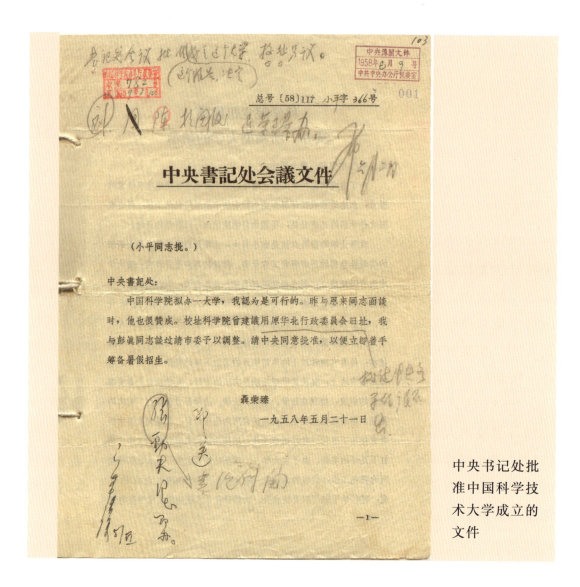

中央书记处批准中国科学技术大学成立的文件

1958年6月2日，时任中共中央书记处总书记邓小平代表中央书记处在这份报告上批示："书记处会议批准这个报告，决定成立这个大学，校址另议。"刘少奇、周恩来、陈云分别在报告上圈阅表示同意。这也意味着中国科学技术大学宣告成立。

1. 周恩来与中国科学技术大学的创办

1958年9月17日，中国科学技术大学首任校长、中国科学院院长郭沫若^①向周恩来总理汇报工作,并将自己拟在9月20日中国科学技术大学首届开学典礼上的致辞内容向周恩来总理做了简要汇报,郭沫若在这份致辞中提出了中国科学技术大学建校之初的基本办学方针,周恩来听完汇报后表示:"可以,是施政方针了。"

此前,郭沫若校长亲自为学校起草了校歌《永恒的东风》,歌词如下:"迎接着永恒的东风,把红旗高举起来,插上科学的高峰!科学的高峰在不断创造,高峰要高到无穷,红旗要红过九重。我们是中国的好儿女,要刻苦锻炼,辛勤劳动,在党的温暖抚育、坚强领导下,为共产主义建设作先锋。又红又专,理实交融,团结互助,活泼英勇,永远向人民学习,学习伟大领袖毛泽东!"9月17日,郭沫若校长向周恩来总理汇报工作时也将校歌歌词呈请总理审阅,周恩来总理阅后当场回应,将校歌歌词"为共产主义建设作先锋"中的"建设"两字改为"事业"。这首由周恩来总理最后审定的校歌的旋律至今还不时回荡在中国科学技术大学的校园里,也在万千中国科学技术大学师生和校友之间传唱。

2. 聂荣臻、张劲夫与中国科学技术大学的创办

1958年5月9日,在中国科学院部分著名科学家的建议之下,中国科学院党组决定向国务院副总理聂荣臻提交创办中国科学技术大学的请示。这份请示是在时任中国科学院党组书记张劲夫的主持下完成的,为创办中国科学技术大学指明了方向。请示提出:"为了充分发挥科学院现有科学家的潜力,加速培养我国薄弱和空白的新技术学科的科学干部,促进我国这些学科的迅速发展,提议由中国科学院创办一所新型的大学。这所大学主要是培养目前世界上最新的尖端性学科的科学研究工作干部。所设的专业是目前在一般大学中尚有困难建立,但在中国科学院则具有一定条件的,如核子物理、放射性化学、超音速空气动力学、超高频技术、计算技术、地球化学、高空大气物理、射线生物、半导体等。"

---

① 郭沫若(1892~1978),四川乐山人,中国现代著名文学家、考古学家、社会活动家,中国科学技术大学的主要创建者之一,1958~1978年任中国科学技术大学首任校长。

于是，才有了我们在文章开头看到的关于中共中央书记处批准成立中国科学技术大学的文件，邓小平在批示中要求："退荣臻办。"聂荣臻接到批示后，立即转批："张劲夫同志即办，即送。"张劲夫前后多次与中宣部、教育部沟通中国科学院创办中国科学技术大学的事宜，并最终取得一致意见，在筹办学校过程中获得了中宣部、教育部的支持。

1958年9月20日，中国科学技术大学成立，举行开学典礼。聂荣臻副总理出席典礼并作题为《把红旗插上科学的高峰》的致辞，他说："由于目前我国科学技术力量远远不能适应国家建设事业发展的需要，因此必须采取措施，大力培养新生力量。中国科学技术大学的诞生将是写在我国教育史和科学史上的一项重大事件。"次日，《人民日报》以《中国科学技术大学开学》为题报道了这一重大事件。

《人民日报》关于中国科学技术大学成立的报道

3. 中国科学技术大学校址

在批准中国科学技术大学成立的文件上，我们可以看到，中国科学院曾建议使用原华北行政委员会旧址，但聂荣臻与时任北京市委书记彭真商议后认为那不是最佳选择，可以再行调整。然而，邓小平在审阅报告时，在原文"原华北行政委员会旧址"下面画了一道横线并标注："拟请中央各单位搬出。"这或许是邓小平的建议，给大家提出一种可能。同时他在批示中指出："校址另议。"从现有的历史资料来看，我们尚不清楚"校址另议"的具体过程，最终结果是原华北行政委员会旧址没有成为中国科学技术大学校址。

1958年6月10日，国务院副秘书长齐燕铭打电话通知张劲夫，计划将北京西苑房屋拨交中国科学院作筹办中国科学技术大学之用。中国科学院随即派人实地考察了北京西苑的具体情况，认为西苑房舍与中国科学技术大学办学所需房舍相差甚远，无法满足办学需要。

最后，经聂荣臻副总理多方协调并拍板，中国科学技术大学校址暂定为北京市玉泉路19号。中共中央办公厅主任杨尚昆同意将北京市玉泉路原中央党校二部所属地块和房舍移交给中国科学院以作中国科学技术大学筹建之用，但该址此前已商定交给解放军工程兵设计院。中央军委秘书长黄克诚得知此事后，立即下令已进驻的工程兵设计院进行搬迁。郭沫若、张劲夫前往工程兵设计院拜访院长唐凯少将，唐凯少将热情迎接，表示全力支持，保证在一周内搬迁，绝不耽误开学。1958年9月20日，中国科学技术大学如期开学，玉泉路19号随之成为中国科学技术大学早期在北京办学的地址。

◆ 方黑虎 ◆

邓小平与中国科学技术大学

中国科学技术大学是由周恩来、刘少奇、邓小平、陈云等老一辈革命家批准成立的。邓小平对中国科学技术大学更是寄予厚望,在治国理政之隙,他还关注着中国科学技术大学的发展,为学校的发展做出指导。

同意中国科学技术大学通过考试选拔学生

1975年9月26日,中国科学院负责人胡耀邦、李昌①向国务院汇报工作,报告中提到中国科学技术大学办学目标主要是为中国科学院培养科学研究干部,建议直接从高中毕业生中招生。

邓小平在听取汇报时指出:"科学院要把科技大学办好,选数理化好的高中毕业生入学,不照顾干部子弟。这样做要是犯错误,我首先检讨。这不是复旧!一点外语知识、数理化知识也没有,还攀什么高峰?中峰也不行,低峰还有问题。"中国科学院和中国科学技术大学在高等教育招生问题上迈出的一小步得到了邓小平等中央领导人的支持。

在《中国科学院工作汇报提纲》中,关于中国科学技术大学的问题都是原则性的,中国科学技术大学办学的一些具体问题还需要中国科学院向中央呈递专门报告,请求中央领导进一步指示。于是汇报结束之后,中国科学院随即指示中国科学技术大学,尽快代中国科学院起草一份《关于中国科学技术大学几个问题的请示报告》。

---

① 李昌(1914~2010),湖南永顺人,曾任中共中央委员、中共中央纪委书记、中国科学院党组书记,1977年兼任中国科学技术大学第一副校长。

《邓小平文选》第二卷中关于中国科学技术大学的内容

> 34　　邓小平文选　第二卷
>
> 么作用？培养什么人？有些大学只是中等技术学校水平，何必办成大学？<u>科学院要把科技大学办好，选数理化好的高中毕业生入学，不照顾干部子弟。这样做要是犯错误，我首先检讨。这不是复旧！一点外语知识、数理化知识也没有，还攀什么高峰？</u>中峰也不行，低峰还有问题。我们有个危机，可能发生在教育部门，把整个现代化水平拖住了。比如我们提高工厂自动化水平，要增加科技人员，这就要靠教育。提高自动化水平，减少体力劳动，世界上发达国家不管是什么社会制度都是走这个道路。科技人员是不是劳动者？科学技术叫生产力，科技人员就是劳动者！

中国科学技术大学一批追求改革的教育工作者们如逢甘霖，立即着手准备代拟稿，希望由此改变因实行推荐制上大学而导致的生源质量不高和培养目标难以实现的窘况。1972年，中国科学技术大学开始招收工农兵大学生。三年之后，第一批工农兵大学生从学校毕业，走上工作岗位。通过对三年培养过程和结果的考察与总结，中国科学技术大学的教师和教育管理者们意识到问题的严重性，以推荐为主的高等教育选拔制度给高校人才培养工作带来无穷后患，培养出来的学生整体上来说难以胜任攀登科学技术高峰的宏伟任务。

1975年10月23日，凝聚了中国科学技术大学一大批教育工作者心血的《关于中国科学技术大学几个问题的请示报告（代拟稿）》（以下简称《报告》）上报至中国科学院，随后由中国科学院提交到国务院。这份《报告》大胆提出，应通过考试择优录取应届高中毕业生，其实质是希望国务院同意中国科学技术大学在学生选拔方面开辟一条新的道路。当时，全国教育界尚处于"文革"严重干扰下的混乱和落后状态，这些建议振聋发聩，彰显了中国科学技术大学的远见卓识和非凡胆略，难能可贵。可以说，中国科学技术大学在"文革"后期就较早地发出了要求恢复高考的声音。报告上报后，主持国务院工作的邓小平副总理圈阅同意。

然而，中国科学技术大学的教育改革者们并没有等来中央政策的变化，事情发生了戏剧性的变化。此后不久，"批邓、反击右倾翻案风"开始了。邓小平再次陷入风雨飘摇之中，中国科学技术大学择优录取的尝试自然也未能如愿。

《关于中国科学技术大学几个问题的请示报告（代拟稿）》

1977年8月4日，中国科学技术大学教师许子明等9人致信邓小平，再次建议在中国科学技术大学实行通过考试择优录取的选拔制度，希望"直接从应届高中毕业生中择优录取新生"。8月28日，时任中共中央副主席邓小平针对该信批示：请方毅同志阅处。这再次表明了邓小平对调整大学生入学制度的肯定。由此可见，在1977年国家恢复高考的重大决策中，中国科学技术大学教育工作者的努力确实起到了一定的作用。

力推中国科学技术大学列入重点建设高校名单

1978年3月，中国第一所研究生院——中国科学技术大学研究生院在北京成立，负责中科院京区各研究所研究生的公共课和基础课教学工作。中国科学技术大学研究生院依托中国科学技术大学原北京校区办学，但是遇到了校舍严重紧缺的困难。1970年，中国科学技术大学历经曲折，南迁合肥，北京校舍被军队、工厂占用。其后，为发展高能物理事业需要，经中央领导同志批准，部分军队单位撤走，大部分校舍归中国科学院高能物理研究所使用。但原中国科学技术大学南院两万多平方米校舍仍被六机部（现中国船舶重工集团）七院占用。1978年8月10日，中国科学院党组向邓小平提交报告，要求六机部腾出中国科学技术大学旧址，将原校舍交由中国科学技术大学使用。8月16日，邓小平批示："谷牧同志阅，由六机部商同科学院从速处理。"谷牧副总理随之批示："请六机部遵照邓副主席批示办。"此后不久，六机部将原南院校舍陆续归还给中国科学技术大学使用。

1983年，国家决定在"七五"期间重点投资建设一批大学，在教育部和国家计划委员会初步拟定的名单中没有中国科学技术大学。12月8日，在得知中国科学技术大学没有入选重点建设高校名单后，时任全国人大常委会副委员长、中国科学技术大学校长严济慈给邓小平写信，表示自己"感到诧异"，"身为中国科大校长，遇到此类问题是不得不关心的"，随之向邓小平详细介绍了中国科学技术大学的人才培养和科学研究工作在全国高校中居于领先地位的实际情况，"请您批示、过问一下"，建议增列中国科学技术大学为重点建设大学。六天后，邓小平批示："力群[①]同志，此事请中宣部过问一下，据我了解，科技大学办得较好，年轻人才较多，应予扶持。"由此，中国科学技术大学进入国家"七五"期间重点建设大学行列。

---

① 邓力群（1915~2015），湖南桂东县人，曾任中国社会科学院副院长、中共中央办公厅副主任、中共中央书记处研究室主任、中共中央宣传部部长。

关心中国科学技术大学二三事

1977年11月，"七君子"之一、中华人民共和国首任司法部长，时任全国人大常委会委员的史良致信邓小平，请求帮助解决其外甥鲁阳被错划为"右派"的问题。鲁阳，1955年毕业于复旦大学化学系，分配到中国科学院原子能研究所工作。1958年3月，在当时的"反右"斗争中因为其曾发表过"苏联轻工业不如英国"等言论，被划为"右派分子"，长期受到打击。1959年12月，鲁阳调入中国科学技术大学化学教研室任教，担任钱人元教授的助教。"文革"结束以后，鲁阳的问题还没有得到解决，身为姨母的史良先生致信邓小平介绍鲁阳的情况，"我看他在党的教育和群众的帮助下是有进步的，而且他对自己专业的研究从未中断过"，并请求尽可能"早日解决他的问题"。字里行间，我们可以看到，鲁阳在身陷"泥沼"的艰难环境里依然专注于自己的科学研究工作，这种为科学献身的精神难能可贵。邓小平收到信后批示："请方毅同志酌处，如无大问题可以摘掉。"方毅副总理随之批示中国科学院："请遵照邓副主席批示办。"1978年1月，在经过认真的调查核实后，中国科学技术大学党委做出为鲁阳摘掉"右派"帽子的决定，恢复鲁阳老师的正常待遇。

1978年3月，为了瞄准国家早出人才、出优秀人才的战略需求，中国科学技术大学创办少年班，开启了我国为早慧少年量身定制的超常教育模式。1983年12月，著名物理学家杨振宁向邓小平建议："我知道中国有个少年班，14~15岁上大学，很聪明，这些入学软件专业，今后将会前途无量。"邓小平说，"科大少年班可以搞"，并强调"要看得远一点，要不然来不及了"。1984年，少年班设立了计算机软件专业，为国家培养了最早的一批软件人才。邓小平一直关心中国科学技术大学少年班的发展，1984年8月，邓小平在北戴河会见诺贝尔物理学奖获得者丁肇中教授时对少年班建设做出较高评价："少年班很见效，也是破格提拔，其他几个大学都应该办少年班，不知办了没有。至少北大、清华、交大、复旦应办一点少年班。"此后，北京大学、清华大学等12所高校也相继办起了少年班。

1988年9月，中国科学技术大学首任校长郭沫若的铜像在校园内落成，邓小平应邀为之题写了"郭沫若像"四字，表达了他对郭沫若的怀念以及对中国科学技术大学的关心。

中国科学技术大学校园中的郭沫若像

◆ 方黑虎 ◆

"勤奋学习,红专并进"校风的由来

1958年筹建中国科学技术大学之际,郭沫若校长亲自起草校歌《永恒的东风》歌词,并请校歌谱曲者吕骥①先生到校教唱。此后,校歌中"又红又专,理实交融,团结互助,活泼英勇"的句子在全校师生中广为流传。

在中国科学技术大学成立暨开学典礼上,郭沫若满怀信心地说:"我们的学校是新建立起来的,前无所承,缺乏经验,这是我们的缺点,但也正是我们的优点。毛主席说过:'一张白纸,没有负担,好写最新最美的文字,好画最新最美的图画。'我们的学校如果可以说像一张白纸,就请把它办成最新最美的学校吧!"郭沫若还要求同学们"不仅要创建校园,而且还要创建校风,将来还要创建学派"。正是在这种求实创新思想的指导下,中国科学技术大学成立不久便以其独具特色的崭新风貌跻身我国著名高校之列。

1958年除夕,学校举行新年献礼大会,郭沫若校长在新年祝词中说:"科学技术是最看重实事求是的,但也必须有大胆创造的共产主义风格,才能有多量的、高度的、新的发明发现。我希望同学们在实事求是的基础上大胆创造,在大胆创造的风格中实事求是。"讲话结束后,郭沫若当场题诗三首:

  凡事不怕难,临事亦须惧。不作浮夸家,两脚踏实地。

  绳可锯木断,水可滴石穿。苦干兼巧干,坚持持久战。

  路要两腿走,唱要有节奏。既要专能深,还要红能透。

这三首诗中,"勤奋学习,红专并进"的精神已经呼之欲出了。

1959年9月8日新学年开学典礼上,郭沫若校长发表题为《勤奋学习,

---

① 吕骥(1909~2002),湖南湘潭人,音乐理论家,曾任中国音乐家协会主席。中国科学技术大学校歌作曲者。

郭沫若给中国科学技术大学的题诗

红专并进》的长篇演讲。他说："搞尖端科学必须有深厚的基础。尖端科学的基础是什么呢？我认为可以分为思想基础、科学基础和语文基础""要搞好尖端科学，基础科学如数学、化学、物理、力学等是不能不重视的。这是尖端科学的科学基础。要把基础科学学好，将来进入专业学习才有一定的根底。"

郭沫若对于红与专的关系作了进一步阐释："不红不专的懒汉是不能容许的；只专不红或只红不专的人，也是不能满足国家的需要。不红则专不能深，不专则红不能透，这是可以肯定的。我们必须又红又专，红透专深，两条腿走路，走到底""不仅你们年轻的同学们应该'勤奋学习，红专并进'，就是我们年老的教职员们（包括我自己在内），也应该'勤奋学习，红专并进'，我们大家都用两条腿走路，迈步前进，不能做独脚龙。"

在演讲中，郭沫若对校风作了总结："我们的校风是好的，就是勤俭办学，艰苦朴素，红专并进，团结互助。旧同学们已经学习了一年，和学校的教职员一道把这种优良的校风初步树立起来了，我们要更进一步把它巩固下去。"

会后，郭沫若为学校题词"勤奋学习，红专并进"，这便是"勤奋学习，红专并进"校风的由来。这八字箴言在往后的岁月里不断深入全体师生的内心并化为前进的动力。

郭沫若题写的校风手迹

对于"红"和"专"的关系,陈毅元帅当年在中国科学技术大学作报告时,曾举例说明。他说,如果一个飞行员很"专",技术非常高,但是没有政治方向,那他飞到天上可能就跑了;另一个飞行员的政治方向非常坚定,很"红",但驾驶技术非常差,那他飞上天去很可能就被人打下来了。这两个缺一不可,因此必须要"又红又专"。

著名物理学家钱三强对"红"与"专"的关系也给出了个性化的解读。他说,"红"与"专"好比物理学里的"矢量","红"代表方向,"专"代表矢量的长度,大家"合力"向前推进。不能不注意方向问题,如果方向搞反了,那是帮倒忙;也不能不注意长度的问题,如果只红不专,那么即使方向对头,贡献也不大。所以,总的来说,应该提倡又红又专。

中国科学技术大学在建校之初,就明确提出"把红旗插上科学的高峰",为研制"两弹一星"和尖端科技服务,这个对办学目标的形象比喻已经突出体现了"红专并进"的精神内涵。1958年,学校教务长张新铭在全校师生大会上说:"如果将来你们当中有一个人能获得诺贝尔奖,或者出现一个像爱因斯坦式的人物,这就是我们科大培养的成果。"

关于中国科学技术大学高起点办学和高标准培养专业人才，著名化学家杨承宗后来回忆说："创办科大期间，科学家兴致很高，在玉泉路多次开会讨论科大的办学方针、办学任务。当时12个系的主任互相熟悉，都有共同的语言，每会必到。郭院长更是如此。大家发言踊跃，一致同意不采取苏联的'物理工程学院'的方针，而是从基础课做起。在讨论基础课时，大家赞成除了数理化外，科大学生一律要读外语。当时国内大学都没这样做，郭老十分赞同，决定将外语列入基础课。数、理、化、外、电、图六门从此成为中国科大基础课的柱石。"

1988年9月20日，名誉校长严济慈①在庆祝建校30周年大会讲话中指出："建校以来，老校长郭沫若倡导建立了'勤奋学习，理实交融，红专并进'的优良校风。"这是对郭沫若在中国科学技术大学建校初期在不同场合关于校风提法的进一步概括。

中国科学技术大学校园里的校风纪念碑

---

① 严济慈(1901~1996)，浙江东阳人，著名物理学家，中国科学技术大学创建者之一。曾任中国科学院副院长，中国科学技术大学副校长、校长、名誉校长，全国人大常委会副委员长等职。

2003年9月，中国科学技术大学党委书记郭传杰[①]在为纪念45周年校庆而撰写的《思贤哲，学校训，创一流》一文中指出："我们科大的校训'红专并进，理实交融'，认真品味起来，不仅语言简约，文辞对称，且内涵深邃广博，入时合理，既含价值观，又有方法论。"

综上所述，中国科学技术大学校训、校风的文字表述，源于首任校长郭沫若作词的中国科学技术大学校歌和1959年开学典礼致辞，后经不同时期的进一步提炼和概括而成。"勤奋学习，红专并进"的优良校风，深深地影响了一代代中国科大人并不断发扬光大。

◆ 丁毅信 ◆

[①] 郭传杰（1944~　），湖北浠水人，曾任中国科学院党组副书记。2003~2008年任中国科学技术大学党委书记。

档案里的大爱

1931年12月2日,清华大学校长梅贻琦在就职演讲中说道:"所谓大学者,非谓有大楼之谓也,有大师之谓也。"如今,这一论断经过时间的冲刷和实践的检验,愈发熠熠生辉,已经成为梅贻琦教育家身份的经典标识。

1958年9月20日,中国科学院创办的中国科学技术大学在北京成立,首任校长为郭沫若。根据中国科学院"全院办校,所系结合"的办学方针,中国科学院下属各研究所负责对口建设中国科学技术大学的相关系科,在当时的新兴、边缘、交叉科技领域设立了原子核物理和原子核工程、力学和力学工程、放射化学和辐射化学等13个系。中国科学院的科学家们纷纷走上中国科学技术大学的讲堂,如钱学森、赵忠尧、郭永怀等,可谓大师云集,群星璀璨。

在中国科学技术大学档案馆里珍藏着这样一份档案,是1959年11月23日郭沫若校长给学校党委书记郁文[①]写的一封亲笔信,内容如下:

> 郁文同志:
> 　　由于《沫若文集》的出版,版税积累不少。我现捐赠科技大学两万元,作为同志们的福利金,特为帮助衣被不足的同学。附上兑票乙纸,请查收并予处理,为荷。顺致敬礼!
>
> 　　　　　　　　　　　　　　　　　　　　郭沫若
> 　　　　　　　　　　　　　　　　　　一九五九,十一,廿三

---

① 郁文(1918~2010),河北满城人,1958~1963年任中国科学技术大学首任党委书记。曾任中国科学院秘书长、中宣部常务副部长、中国社科院党组书记、中共十二大代表、第七届全国人大常委、民族委员会副主任委员。

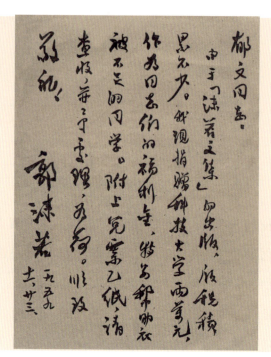

郭沫若给郁文的亲笔信

全信字数虽然不多，但字里行间流淌的是满满的爱心，是校长对于全校师生员工，尤其是清贫学子的大爱之心。时过不久，正值1960年春节，许多家庭困难的同学没有回家，在学校集体过年，郭沫若校长赶到学校和同学们一起吃过年团圆饭。饭后，学校举行晚会欢庆春节。演出前，郭沫若笑容满面地走上舞台，双手作揖向大家拜年。接着校党委书记郁文宣布："郭老把

郭沫若向全体与会人员拜年

他刚收到的《沫若文集》稿费两万元捐赠给学校,其中大部分用于补助生活困难的学生。为使同学们过好年,郭老提议发给在校的同学每人两元,一元入春节伙食费,一元作为'压岁钱'。"在那极其艰苦的岁月,校长的爱心使远离亲人的同学们备感温暖。岁月流逝,爱心永续。如今,校长在春节团圆饭后给留校同学发压岁钱已经成为中国科学技术大学的春节礼。

捐赠爱心,关爱中国科学技术大学同学的大师并非只有郭沫若。1961年12月,中国科学技术大学党委给中国科学院力学研究所所长、中国科学技术大学力学和力学工程系系主任钱学森教授写了一封感谢信。信件内容如下:

钱学森同志:

科大开始筹建时,您就热情地帮助予以大力支持,几年来您又百忙中抽出时间给学生作报告,并常莅校指导,对大学的教学工作起了很大的推动作用。最近,您又慷慨赠款壹万壹千五百元,我们给同学买了计算尺,不仅帮助许多同学解决经济上的困难问题,并给同学精神上以很大的鼓舞,大家纷纷表示一定要努力学习,成为又红又专的科学技术人才来报答您的关怀,我们代表全校师生员工向您表示衷心的感谢!

祝您健康!

中国科技大学党委

中国科学技术大学党委写给钱学森的感谢信

这份档案历经岁月的洗礼,其中很多文字几乎湮灭,但是其所陈述的基本事实无比清晰地呈现在我们眼前,大师的大爱化作计算尺,化作经济上的帮助，滋润着中国科学技术大学同学们的心田，同时也为这所学校的人文风貌增添了浓墨重彩的一笔。

也许有人认为，这只是某个时代背景下才发生的故事。其实，对于中国科学技术大学来说，这只是一个开始。

1995年，中国科学技术大学首任原子核物理和原子核工程系主任赵忠尧教授将自己获得的"何梁何利科学与技术进步奖"全部奖金10万港币分别捐赠给中国科学技术大学、清华大学、北京大学等五所高校作为物理系同学的奖学金，激励莘莘学子潜心向学。

赵忠尧捐赠设立奖学金的委托声明　　赵忠尧捐赠给中国科学技术大学的加速器

赵忠尧教授是我国著名物理学家。他在美国加州理工学院留学期间，通过实验观测到正电子现象，这在世界上是首次发现，可惜由于历史的原因，他与1936年诺贝尔物理学奖失之交臂，当年的奖项颁给了稍晚时候用另一种实验途径观测到正电子的安德逊教授。诺贝尔物理学奖获得者杨振宁曾这样评价赵忠尧的工作："赵老师用最简单的实验做出了最精确的结果，他的工作具有诺贝尔奖的水平。"1950年，赵忠尧毅然归国，随后用他费尽周折从美国带回来的一些设备部件，主持建成我国第一台70万电子伏质子静电加速器，并于20世纪60年代捐赠给中国科学技术大学供教学使用。

在中国科学技术大学，科学家捐赠助学的例子还有很多。著名力学家郭永怀教授是"两弹一星"功勋奖章获得者，他的夫人李佩①教授秉承他的遗志，将他获得的由515克纯金制成的"两弹一星"功勋奖章捐赠给中国科学技术大学，成为中国科学技术大学校史馆的"镇馆之宝"。李佩教授生活俭朴，却捐款30万元在中国科学技术大学设立奖学金。还有何多慧②院士、陈国良③院士等也纷纷捐资设立奖学金，如此不一而足。

大师之于大学，是灵魂，是力量，亦是传统。大师之于大学的重要性，不仅因为他们具有精深渊博的学识，更因为他们具有博大宽厚的胸怀和仁者爱人的精神。大师们对寓身于此的大学倾注了自己的大爱之心，他们的大爱之举熏染了中国科学技术大学的校风与学风。于是，才有了淮河以南第一所为学生宿舍安装暖气的中国科学技术大学，才有了最早承诺不让学生因贫困而失学的中国科学技术大学，才有了第一所顾全贫困生自尊、实行无需申请进行隐性资助的中国科学技术大学，才有了中国科学技术大学关爱学子的优秀传统。

◆ 方黑虎 ◆

---

① 李佩（1917~2017），江苏镇江人，语言学家，长期任教于中国科学技术大学。
② 何多慧（1939~　），四川仪陇人，中国工程院院士。1964年毕业于中国科学技术大学近代物理系并留校任教。
③ 陈国良（1938~　），安徽颍上人，中国科学院院士，长期任教于中国科学技术大学。

郭沫若：我们年轻的科学家应该懂点文学

郭沫若是著名的文学家、诗人，是我国近现代文学史上的一面旗帜。1958年9月，中国科学技术大学成立，郭沫若以中国科学院院长身份兼任校长。一位文学家担任一所理工科大学的首任校长，对于这所学校人文风貌的形成极其重要，使中国科学技术大学具备了既能高扬科学技术风帆又不缺少文化传承的优秀禀赋。郭沫若的治校理政方针在聚焦科学技术主线的同时赋予了文学艺术的基因，他要求中国科学技术大学的莘莘学子既能成为科学技术方面的专家，同时也希望同学们学习一点文学艺术，形成科学和艺术的融合，在文学艺术中找到科学技术创造的灵感。

"我们搞尖端科学技术的人尤其应该懂些文学艺术和各种体育活动。在红透专深的保障之下，同学们不妨同时成为诗人、画家、音乐家、戏剧演员、运动员或者其他。"1958年9月20日，郭沫若校长在中国科学技术大学首届学生开学典礼上向同学们发出了这样的倡议，并且还举例说明文学艺术与科学研究可以结合起来，相得益彰。"新近去世的约里奥·居里①教授，是我们原子能研究所钱三强所长的老师，他是原子能物理学的权威，而他也是提琴家，还会打庭球。因此，我认为，我们的同学只要不荒废专业，尽可以在文化艺术等方面发挥自己的兴趣。我们的学校应该有适当的文娱活动和弦歌之声。这弦歌之声在我们中国古代是和教学工作联系起来的，我觉得是好的传统，我们今天应该保留着这个传统。"郭沫若亲自为学校创作了校歌《永恒的东风》，并请音乐家协会主席、抗日军政大学校歌的谱曲者吕骥为校歌谱曲和到学校大礼堂教同学们唱校歌。"迎接着永恒的东风，把红旗高举

---

① 约里奥·居里（1900~1958），法国物理学家，1935年诺贝尔化学奖获得者。

起来，插上科学的高峰……"激昂的旋律伴随着一代又一代中国科学技术大学学子走过60年的历史，至今仍然在中国科学技术大学的校园中回响，在全球中国科大人间久久传唱，激励着他们攀登一座又一座科学高峰。

郭沫若在中国科学技术大学首届开学典礼上致辞

"科学技术是最看重实事求是的，但也必须有大胆创造的共产主义风格，才能有高度的新的发明、发现。我希望同学们在实事求是的基础上大胆创造，在大胆创造的风格中实事求是。"1958年除夕，郭沫若校长来到学校，和几百名留校的同学一起欢度佳节，并寄语同学们在科学的道路上要有浪漫主义的精神，实现更高层次的发明、发现。这样的教导不仅深具文学家的风采，还具有哲学家的智慧，引领着未来科学技术工作者的奋斗方向。

"同学们是搞科学的，不是搞文学的，但也不能不重视中国语文。譬如你们将来要著书立说或者讲学座谈，总要能说会写，才能把你们的学识传播给别人。外国的科学家，特别是法国的科学家，每每长于文笔。我们中国的科学家，似乎有点两样，往往不善于写作。我觉得这是缺点。我建议，我们年轻的科学家应该懂点文学，而年轻的文学家应该懂点科学。"1959年9月8日，郭沫若校长在新生开学典礼上再次强调了自己关于科学技术与文学艺术相结合的观点，要求中国科学技术大学的同学多学一点文学。

郭沫若非常关心学校的文化建设。有一次，学校党委书记郁文在交流中向郭沫若说起《人民画报》需要一篇中国科学技术大学的介绍。说者无心，听者有意，不几日，郭沫若就写好了这篇介绍学校的文章，并请人送给郁文并附上便函："郁文同志，《人民画报》需要的文章，我草拟了一篇，送上，请您斟酌。"这既折射出郭沫若校长谦逊认真的修养，也透露出他对学校文化建设的关心。中国科学技术大学的文学艺术教育以及文娱活动的开展是在郭沫若校长的亲自指导下进行的，他为中国科学技术大学校刊的副刊栏目题词"红雨浪"，有一些在文学艺术方面具备特长的同学在郭沫若校长的支持下，开展了更深入的文学艺术方面的探索。有些喜欢写作的同学找到郭沫若校长审阅他们的作品，郭校长也不惜时间，为他们修改和指点，为这些同学开辟了新天地。有些喜欢音乐、艺术并具有相当天赋的同学，郭沫若热情地推荐他们转学到音乐学院、艺术学院读书。

郭沫若为同学们修改剧本

郭沫若题写的中国科学技术大学校报副刊栏目标题

1963年，中国科学技术大学1959级生物物理系学生曲信先陷入了空前的烦恼之中。曲信先自幼喜欢文学、戏剧，上大学以后更加热衷于戏剧的学习和创作，甚至痴迷到在其他专业课的课堂上念诗的地步，这种术业有专攻的精神虽然可嘉，但和中国科学技术大学培养尖端科技人才的目标相去甚远。曲信先成为了老师、同学眼中的"奇人",但他仍然选择了坚持,写出了自己的第一部话剧作品《斯巴达克思》,并读给同学们听,大家都觉得很好。巧合的是,郭沫若校长的女儿郭庶英是他的同学,她听完后也认为写得不错,便将剧稿带回家里推荐给她的父亲。一个星期之后,曲信先收到了一个来自中国科学院的大信封,打开一看,原来自己的剧本给退回来了。他开始有点失望,在同学们的关注下翻开了剧本,越翻越感动,原来郭校长对剧本看得十分仔细,并随手作了改动。曲信先剧本中的"想"字,写得有点像"愁"字,郭老看剧稿时把所有的"想"字改了一遍,还把自己的想法和修改意见用红笔写在修改处,并用商量的口气问:"如何?"全剧共改动72处之多。还有一个地方郭老改了之后认为不妥,又改了回来。次日,中国科学技术大学人事处学生科老师找曲信先谈话,说郭校长给学校写了封信,他对曲信先写的剧本大为赞赏,要求"因材施教",主张送他去学习戏剧创作,为国家培养一个编剧人才。曲信先喜出望外,当即表示愿意转学,并顺利进入上海戏剧学院学习,成为上海戏剧学院院长熊佛西的亲传弟子,最终成为一名优秀的剧作家。

郭沫若经常参加同学们举办的文娱活动,和同学们一起跳舞,一起观看演出。他的新编剧本《蔡文姬》在北京人民艺术剧院上演时,他将自己的票分发给同学们,让他们先睹为快,尽情欣赏艺术家们的精彩表演。出国访问

郭沫若和同学们跳舞

郭沫若和同学们一起观看演出

归来，他很快就来到学校向同学们介绍到访国家的社会情况、风土人情以及观感。1960年，学校举行反对美国入侵古巴的抗议活动，他和同学们在大操场上席地而坐观看表演。一阵风吹来，把一个活报剧中美国兵的帽子吹到郭沫若跟前，他一下捡起来戴在自己的头上，并做了一个美国兵举手投降的动作，同学们捧腹大笑。郭沫若的幽默逗趣拉近了他与学生的距离，同学们觉得他既是崇高的大师，又是个可亲的老伯。

1962年5月，1960级地球物理系学生耿庆国给郭沫若校长写信，首先表达了自己对于校长的崇拜之情："在我的心中，您是一位天才，一代文学巨子"；然后介绍了自己在校长影响下日益增长的文学爱好，"我以实际行动，响应了并在继续响应着您所曾发出的'我们的年青的科学家应当懂点文学，我们的年青的文学家应当懂点科学'的号召，近年来，利用课余时间陆续俯拾了许多新体、旧体诗词。""他们鼓励并怂恿我把所写的诗作勇敢地寄给您，请您斧正指教。"得到文学大家郭沫若的指教，对于初入文学之门的青年来说是一个难以实现的梦想。郭校长成人之美，对于自己的门下弟子更是

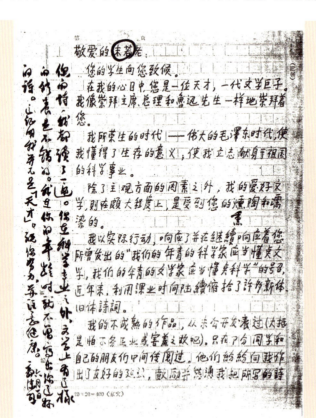

耿庆国同学写给郭沫若的信

不吝支持与赞美："你的诗，我都读了一遍。你在科学专业之外，文学上有这样的修养是不错的。我在你的年龄时就不曾写出你这样的诗。这证明我并不是'天才'。祝你努力，并注意健康。"

郭沫若是举世公认的文学大家，但他的谦虚美德在中国科学技术大学师生中广为流传。他对很多求助于他的科大学生都会给予热情的帮助，他也曾和师生们开玩笑："郭老郭老，诗多好的少。"

1964级物理系张义权同学从小喜欢古典诗词和古文，进入大学以后自学了王力教授的《诗词格律》，对古诗词的欣赏、理解能力提高很快，于是产生了学写古诗词的强烈欲望。但是，他面临着一个难题，因为古诗词的基本音韵系统是平水韵，这对北方长大的他来说不好掌握，于是他想能不能用普通话的音韵系统写古诗词呢？这个问题一直困扰着张义权，他想当面请教郭沫若校长，但苦于一直没有机会。1967年，学校借用中国人民解放军政治学院大礼堂举行重大活动，郭沫若校长莅临现场，然而由于学校的两个学生组织"东方红"和"延安公社"为发言次序争执不下，以致会议不能按时举行，郭沫若校长只能在礼堂会客室等待他们争论的结果。然而也正是这个不短的间隙，给张义权同学提供了当面向郭沫若请教的机会。张义权忐忑不安地向郭沫若校长提出了自己的请求，郭沫若欣然同意，于是娓娓道来："古诗词是中华传统文化，和对待一切事物一样，要分清良莠，采取扬弃态度，做到古为今用。古诗词的音韵体系是约定俗成的，不能像普通话那样靠行政命令来统一。到目前为止，所有名家作品都还是以平水韵为准的。当然，什么事情都是不断发展变化的。但不管怎样发展变化，也还有一个约定俗成问题。"两人讨论很投入，把外面的争议抛到九霄云外，直到两派达成协议才结束了这场别开生面的讨论。张义权在交流过程中注意到郭校长由于听力不好，不时将随身携带的助听器盒子向他这边靠近。这一细节更加温暖了学生的心灵。

◆ 方黑虎 ◆

郭沫若惠赠龚昇书法作品

2010年5月,中国科学技术大学原副校长龚昇提出,将他珍藏近半个世纪的老校长郭沫若书法作品两幅、于立群书法作品一幅等珍贵档案捐赠给学

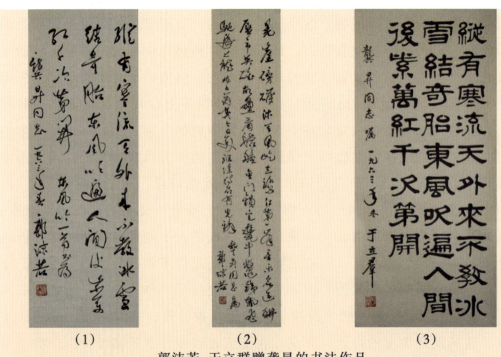

郭沫若、于立群赠龚昇的书法作品

(1)郭沫若作品:纵有寒流天外来,不教冰雪结奇胎。东风吹遍人间后,紫万红千次第开。

(2)郭沫若作品:晃岩磅礴沐天风,屹立鹭江第一峰。音乐名区联厦市,英雄故垒看朦胧。金门锁定瓮中鳖,铁轨飞驰海上龙。昨日荷夷今日美,驱除待命有先锋。

(3)于立群作品:纵有寒流天外来,不教冰雪结奇胎。东风吹遍人间后,紫万红千次第开。

校。受学校领导委托，我和一位同事于6月1日专程赴北京，拜访龚昇先生并接受捐赠。

龚昇是中国科学技术大学数学系创建人之一，1958年从中国科学院数学研究所调入中国科学技术大学，协助华罗庚等数学大师筹建数学系，从此他一直在中国科学技术大学任教，为学校建设和发展做出了重要贡献。龚昇是学校南迁后提拔的第一批教授和博士生导师，退休后被学校聘为"华罗庚讲席教授"。2001年，龚昇被查出患前列腺癌，做了切除手术，尽管术后的持续化疗给他带来巨大的痛苦，但他依然坚持回学校给学生上课。

龚昇的家十分简朴，两个女儿在美国成家立业，家里全靠一个保姆照料。我们到访时，他和夫人病卧在简陋的铁架床上。虽然年届八旬，身患重病，可一提起中国科学技术大学，见到中国科大人，龚昇精神倍增。病床上，他为我们讲述了郭沫若题赠书法作品的前尘往事。

1958年建校时，华罗庚兼任中国科学技术大学数学系主任，龚昇任系秘书，不久任系副主任，主持日常教学工作。1959年，龚昇晋升为副教授，时年29岁，是当时全国最年轻的副教授之一。华罗庚高兴地喊他"教授"，于是"教授"成为他的外号。当时，龚昇年轻有为，才华出众，课堂教学深受学生欢迎。后来有校友回忆说："听龚昇老师讲微积分很舒服，你完全感觉不到是在上课，而是在听人讲故事；你感觉不到师长的威严、数学的枯燥以及时间的漫长。"龚昇的课堂座无虚席，常常有学生站着或蹲着听课。

2010年6月，时任中国科学技术大学档案馆馆长丁毅信和北京教学管理部主任胡岳东看望龚昇

在龚昇的课堂上，有一位身份特殊的学生，她就是郭沫若的二女儿郭庶英。1959年郭庶英报考大学时拿不定主意，郭沫若领着郭庶英去请教物理学家钱三强。根据钱三强的建议，郭庶英报考中国科学技术大学生物物理系并被录取。1963年，正在读大四的郭庶英告诉父亲，数学老师龚昇的课深受欢迎，自己想送老师一份礼物。郭老听女儿这么一说，欣然命笔，为龚昇题写两幅字，郭庶英的母亲于立群也写了一幅作品赠予龚昇。

说起这段往事，龚昇先生仿佛又回到半个多世纪前，兴奋之情溢于言表。

郭沫若的书法艺术成就不凡，在我国现代书法史上占有重要地位，被世人誉为"郭体"。在郭沫若担任中国科学技术大学校长的20年中，在学校留下了一些手稿档案，但书法作品却鲜有保存。龚昇捐赠的郭沫若、于立群的书法作品极为珍贵，被永久珍藏于学校档案馆。

◆ 丁毅信 ◆

郭沫若鼓励中国科学技术大学学子攀登科学高峰

1958年9月，中国科学技术大学在北京成立，郭沫若担任首任校长。中国科大的办学目标清晰，就是要为我国发展以"两弹一星"工程为代表的尖端科学和高新技术储备人才。但在进入中国科学技术大学的莘莘学子之中，也有极少数同学热衷于文学艺术，在科学与艺术的道路上交替前进。他们当中有人在文学方面天赋过人，如1959级生物物理系学生曲信先在上学期间就写出了剧本，郭沫若校长因材施教，推荐他转学到上海戏剧学院学习，并最终成为一名剧作家。有些同学虽然喜欢文学艺术，但没有展现出异于一般的才华，郭沫若校长则鼓励他们在学一点文学艺术的同时要以攀登科学技术的高峰作为自己的人生目标，为国家的科学技术事业做出自己的贡献。

1960年11月，中国科学技术大学力学和力学工程系二年级学生刘凌霄给校长郭沫若写信并附上自己创作的一首长诗，请郭沫若校长指正。据刘凌霄回忆，他长诗的最后四句是："肯信高原出劲草，坚韧喜我风格好，跨箭神游期不远，云飞沫舞向星昴。"

时过不久，郭沫若校长就回信了，并和长诗《美帝篇》。以下为回信内容：

> 刘凌霄同学：
>
> 　　你的诗和信，我都读了。我叠韵一首，写寄给你，可以标题为《美帝篇》。但我希望你努力抓功课，不要多费时间搞旧诗。
>
> 　　美帝而今已腐朽，寿命焉能望长久？滚滚黄金往外流，美元氢弹复

何有！艾克①糊涂一老将，挽回颓势已绝望。过河小卒肯尼迪②，别无可取唯少壮。经济危机卷大波，行看竭蹶倒银河。绞绳自套死不悟，犹思耀武弄干戈。漏卮如亿例已开，军费年年筑债台。不从根本施救济，只图转嫁省涓埃。国外基地遍九陔，百年十万人湛杯。生活糜烂天荒破，万方憎恨正发醅。铜像游街事可哀，曼德列斯③成死灰。试问东瀛岸信介④，往日威风安在哉？连锁反应相继起，根除战祸知所以。亚非拉美赋同仇，不焚纸虎誓不还。战术重敌莫草草，胜算能操期最好。科学登上第一峰，火箭拏云摘星昴。

郭沫若
一九六〇年十一月廿一日

　　从这封信的字里行间，我们可以看出郭沫若校长对中国科学技术大学学子的深深关爱之情。郭校长从刘凌霄同学的信和诗中，应该看出他并非从事文学艺术的高才，但也不忍否定他学习文学艺术的积极性，只是劝告他不要多费时间搞旧诗，要努力抓功课，并和长诗一首鼓励刘凌霄同学。郭沫若校长以开阔的视野为自己的学生分析了美国以及全球大势，最后鼓励他"科学登上第一峰，火箭拏云摘星昴"，实现自己的人生价值。刘凌霄同学深受鼓舞，郭沫若校长的嘱咐成为他日后学习和工作的座右铭，最终成长为一名优秀的科技工作者。

◆ 方黑虎 ◆

---

① 马尔科姆·艾克斯（1925~1965），美国黑人领袖，主张通过暴力革命方式获取黑人权利。
② 约翰·肯尼迪（1917~1963），美国第35任总统，1960年11月赢得美国总统大选。
③ 曼德列斯（1899~1960），土耳其政治家，1950~1960年任土耳其第4任总理。
④ 岸信介（1896~1987），日本政治家，第二次世界大战的甲级战犯之一，1957~1960年任日本内阁总理大臣。

严济慈：创寰宇学府　育天下英才

1958年9月，中国科学技术大学在严济慈、钱学森、华罗庚等一大批著名科学家的倡议和参与创办之下在北京成立了。1988年5月，为庆祝中国科学技术大学建校30周年，名誉校长、著名物理学家严济慈为南迁合肥之后的学校题词："创寰宇学府，育天下英才。"这句话语重深长，大气磅礴，浓缩了严济慈与中国科学技术大学30年的不解之缘，寄托了老校长对于学校的深情厚望，历久弥新。

严济慈给中国科学技术大学的题词

中国科学技术大学建校伊始，严济慈就担任筹备委员会委员，参加学校系主任会议，与其他老一辈科学家一起为学校制订了教学计划、教学大纲等重要纲领性文件，商定招生、勤工俭学、仪器设备配备、召集教师等实际问题。1961年，严济慈担任中国科学技术大学副校长，负责领导全校的教学工作。

中国科学技术大学正式开学之后，为培养青年学生，年近六旬的严济慈欣然走上中国科学技术大学的讲台，亲自为学生讲授"普通物理学"和"电动力学"课程，他这一讲就讲了六年之久。他渊博的知识，对科学的透彻理解，精辟的论述，高超的讲课艺术，生动传神的语言，再加上训练有素的助教们所做的高水平演示实验，像磁石一样强烈地吸引着青年学生。每逢他讲课，大阶梯教室里会站着许多人，甚至连外校的学生和助教也慕名赶来听课。他曾经在学校的大礼堂为8个系的700多名学生上课，盛况空前，一时传为美谈。

严济慈为同学们授课

严济慈上课前会充分备课，有时亲自深入到和物理学基础知识相关的生产一线收集实践案例，并融入到教学内容之中，他的"三遍备课法"作为经验在中国科大物理教研室推广，影响了一大批青年物理教师。严济慈备课时，第一遍快速浏览福里斯著的《普通物理》及其他参考书；第二遍逐章细看之后反复揣摩，形成自己的教学系统，然后再动手写教案；第三遍是在上课的前一天再次阅读自己撰写的教案,把书本上的符号、名词和教案中的个性化表达统一起来。他亲自撰写的"电磁学"课程讲义如今还完好无损地保存在中国科学技术大学校史馆内,书写极其工整,少有改动之处,由此可见他在教学方面对自己的要求极其严格,是"正人必先肃己"的典范。严济慈把备课过程形象地比喻为"揉搓"的过程,"教师要掌握这门课,首先要抓得起来,然后将它揉搓成团,再取其精华",这其实也就是融会贯通的过程,"我1927年教过一年'普通物理',今天之所以还能教,主要是经过揉搓过程,许多东西至今都不会忘记。"他建议青年教师要花一点时间把大学所学的专业知识认真地消化巩固,然后再深入读一些专业书籍,做到懂和通,才能走上'普通物理'课程的讲台。他的教学工作获得了校方和学生们的高度肯定,中国科学技术大学物理教研室曾经组织过严济慈先生的公开课供其他老师观摩学习,与会教师一致认为"严济慈讲课自成一套系统,有详、有略、有精,内容安排紧凑,抓住主要问题打开一条路,又能使章节之间形成有机的联系"。在中国科学技术大学档案馆保存着一份档案——1961年《关于讲课教师队伍情况的报告》。报告中,学校对严济慈教学工作的评价是:"严济慈每次上课都能充分备课,写好详细讲稿,讲课重点突出,概念清楚,同学们反映效果良好。"

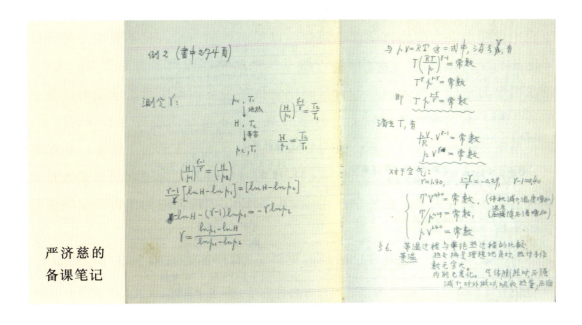

严济慈的备课笔记

面对这样的名师，中国科学技术大学1958级技术物理系的同学们一开始并不领情。两节课下来，多名同学找到当时的技术物理系主任施汝为①教授，要求换掉严济慈，因为他的浙江东阳口音太重了，他在课堂上讲什么同学们很多听不懂。施汝为微笑着听完同学们的抱怨，说："你们讲的情况我都知道，严老的口音确实重，但也没到完全听不懂的程度，你们坚持听一个月，如果到时候还有任何同学要求换人，我立即给你们换老师。"同学们半信半疑地走了。那么施汝为对严济慈的信心从何而来呢？原来十几年前，施汝为在西南联大读书的时候碰到了和技术物理系同学相同的难题。他在经历过初期的语言折磨之后，逐渐从严济慈那里感受到物理学的无穷魅力。结果不言而喻，一个月之后，没有任何同学还记得当初要换教师的请求了。严济慈讲课还有一个显著的特点，每次课必然拖堂一二十分钟，而他的课又是上午第三、四节课，所以上严济慈课的同学也都有心理准备，做好打持久抗战的准备。久而久之，中国科学技术大学食堂的大师傅们也掌握了这种规律，只要碰上严济慈上课的中午，他们就会预留一部分饭菜，保持温热状态，保证同学们在享受了科学知识的大餐之后还能吃上热气腾腾的饭菜。

严济慈当时还负责中国科学院的科研工作并担任一些社会职务，经常讲完课后顾不上吃饭就赶往下一个工作地点。但他很少缺课，遇有重大事情不能上课也会请助教代课，对具体的授课内容加以指示。他还和青年教师一起研究电学和电动力学的教学改革问题，以提高教学质量。他不赞成一味地给学生施加学习的压力，当了解到一些系的老师将课程内容讲得太深、太广，给学生学习造成了很大困难，很多同学觉得学习负担重得难以承受时，他立即要求相关教师在课程讲授上给同学们减负，不能让学生成为书本的俘虏，而是要激发他们学习的兴趣，成为知识的主人。在严济慈的引领下，中国科学技术大学的教学工作走上了快速、有序的发展道路，为国家培养了大量尖端科学技术研究人才，也使学校在成立后短短几年内就成为国内最负盛名的几所大学之一。

对于教学，严济慈有自己独到的见解："将一本小说搬上舞台需要加工，

---

① 施汝为（1901~1983），上海崇明人，著名物理学家，中国科学技术大学创建者之一，近代物理系首任系主任。

因为看小说可以间断地看，慢慢地体会，而在舞台上则要在短短的几个小时内将小说中最重要的和最突出的、感人最深的东西反映出来。一个教师也要像演员一样，要使学生在很短时间里掌握书中最重要的内容。因此，教学是一个提炼蒸馏的过程，教师不仅要给同学知识，更重要的是教会同学做学问的方法。教师不是一个活的图书馆，而是有创造性地给同学们传授知识，所以讲课要大胆地发挥，要有自己的特点。"20世纪80年代，严济慈根据自己在中国科学技术大学执教的经历，思考并撰写了《谈谈读书、教学和做科学研究》一文。他在文中告诉同学们读书时要会听课、找到重点，要会看书查书，找到适合自己的学习方式；告诉青年教师除了要有真才实学以外，还必须要大胆，教学内容要少而精，要善于启发学生和识别人才；告诉有志于科学研究的青年学生，科研工作最大的特点在于探索未知，在学术上要能够提出问题和解决问题。他提倡大学的教学和科研要结合起来，做科研的人要教书，教书不仅能够传授给学生知识，也能促使自己学习更多的知识，教与学可以相得益彰。

◆ 方黑虎 ◆

严济慈:中国科学技术大学是我的掌上明珠

1991年12月,中国科学技术大学国家同步辐射实验室在合肥举行国家鉴定和验收仪式,时值大雪,天寒地冻。中国科学技术大学名誉校长严济慈时年91岁,行动极为不便,校方本以为严济慈不会亲自来合肥。但当时,中国科学技术大学已经成为严济慈心头的巨大牵挂,他决心启程,由他的儿子严武光全程陪同来到合肥。我们现在看到的照片就是严济慈从飞机上下来准备上车的瞬间。大雪漫天飞舞,地面的积雪已经很深,工作人员撑开的伞根

严济慈在风雪中来到合肥

本遮蔽不了扑面而来的雪花，严济慈的帽子上、衣服上都沾满了雪花，但寒冷的天气丝毫阻挡不了严济慈的喜悦之情，他慈祥的面庞上洋溢着回家的幸福，也给在场所有人带来了家人团聚般的感觉。来到中国科学技术大学，在国家同步辐射实验室的验收大会上，他动情地说："我今年过了90岁，很少出远门，但是我特别喜欢来安徽，回科大。到科大，我就觉得年轻多了，因为中国科大是安徽省和全国人民以及中国科学院的骄傲，也是我的掌上明珠，我每次来都看到她放出新的光彩。"这不仅是一位著名科学家、名誉校长对于中国科学技术大学的欣赏，更是一位老人、一名家长对子女发自肺腑的自豪与骄傲。

严济慈关心、牵挂中国科学技术大学的发展，在中国科学院是人所共知的事情，中国科学技术大学的师生们对此深为感动。早在1980年严济慈甫任中国科学技术大学校长之初，他就在学校干部、教师大会上自问："我对科技大学的感情为什么这样深？"随后给出答案。他说首先是中国科学技术大学的学生素质好，高考成绩全国第一，很有雄心壮志，男的要做爱因斯坦，女的要做居里夫人；第二是中国科学技术大学的青年教师无论在教学或者研究方面成绩都很突出，很多人都说中国科学技术大学老师的工作好。殷切期望之情溢于言表。

自中国科学技术大学筹备建校起，严济慈就投入巨大的心血参与学校的建设并亲自走上讲台授课，后来担任副校长、校长、名誉校长，他一直关注着中国科学技术大学的命运和前途，为中国科学技术大学的创建和发展倾注了毕生精力，所以把中国科学技术大学当成了自己的"掌上明珠"，百般培养与珍惜，自然就容不得别人看轻中国科学技术大学。

1983年，国家决定在"七五"期间重点投资建设一批大学，在教育部和国家计划委员会初步拟定的名单中并没有中国科学技术大学。12月8日，在得知中国科学技术大学没有入选重点建设高校名单后，时任全国人大常委会副委员长、中国科学技术大学校长严济慈给邓小平、万里等中央领导同志写信，表示自己"感到诧异"，"身为中国科大校长，遇到此类问题是不得不关心的"，随之详细介绍了中国科学技术大学的人才培养和科学研究工作在全国高校中居于领先地位的实际情况，建议增列为重点建设大学。6天后，邓小平批示："力群（时任中宣部部长）同志：此事请中宣部过问一下，据我了解，科技大学办得较好，年轻人才较多，应予扶持。"国务院副总理万里也对此批示："请东昌（时任教育部部长）同志再研究一下，科大应给予应有的支持。请与科学院研究。"由此，中国科学技术大学进入国家"七五"期间重点建设高校行列。

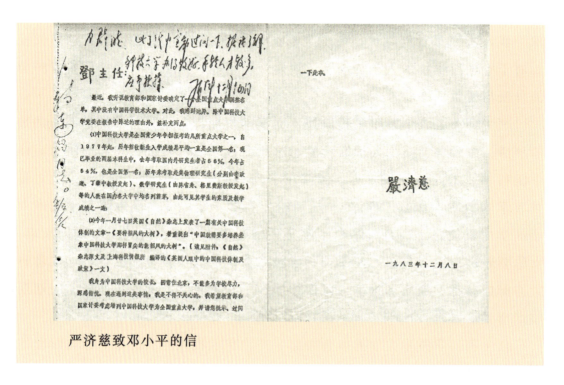

严济慈致邓小平的信

1980年2月，严济慈继郭沫若之后出任中国科学技术大学第二任校长。在担任校长的5年中，严济慈虽然人在北京，但他时时刻刻倾心关注中国科学技术大学的发展动向和重大机遇，及时解决出现的问题，把握住了中国科学技术大学战略发展中的几个关键点，为中国科学技术大学第二次发展奠定了坚实的基础。1980年7月，严济慈与中国科学院副院长、中国科学技术大学第一副校长李昌在北京共同主持召开了中国科学院第二次中国科学技术大学工作会议，会议确定了培养高水平的学士、硕士、博士学位完整体系的培养目标；增设一些国家急需的新兴技术方面的系科、专业；尽快送中青年教师出国培养等一系列重要决策。1983年12月，他上书中央领导同志，力争中国科学技术大学进入"七五"期间国家重点建设的10所大学之一。他前往安徽省、合肥市拜访领导，得到了当地政府对建设新校区的大力支持。他积极支持与日本东京大学的合作交流和同步辐射实验装置工程设计上马。5年里，中国科学技术大学率先选派一批优秀中青年教师出国进修，实施学分制等一系列办学新举措，建立起授予学士、硕士、博士学位的完整教育体系，增设了一些新兴技术方面的系科专业，创建了我国高校中第一个大科学工程——国家同步辐射实验室，为我国改革开放后培养出了第一批博士。学校各方面工作得到迅速恢复和发展，在国内外声名鹊起，被时人誉为"科大现象"。

严济慈给中国科学技术大学1979级同学的题词

心向母校，志在四方；
振兴中华，气贯寰宇。
热烈祝贺 七九级同学们毕业
严济慈 一九八四年七月

1985年4月，严济慈辞去校长职务，转任中国科学技术大学名誉校长，仍然一如既往地关心和支持中国科大的建设与发展。严济慈已经把合肥、把中国科学技术大学当作了自己的第二故乡，每当中国科学技术大学取得一点一滴的发展与进步，或者听说中国科学技术大学的好人好事，他都会由衷地感到高兴。他80岁以后很少出门，但是几乎每年都要到中国科学技术大学一次，与学校领导、教师、学生进行座谈，察看学校的发展状况。1992年，国家在"八五"计划纲要中提出"要努力建设好一批重点大学"。这次，严济慈老人吸取教训，早作准备，提前分别给江泽民总书记、李鹏总理、万里委员长写信，陈述理由，要求将中国科学技术大学列入国家"八五"期间国家重点支持高校。他的信得到江泽民等中央领导同志的批示，中国科学技术大学如愿进入国家在"八五"期间重点支持高校行列,这也为在中部地区成功创办精品大学奠定了基础。

斯人已去,风范永存。严济慈的教育实践深刻地影响着中国科学技术大学的成长,他的名字将与中国科学技术大学永远连在一起。

◆ 方黑虎 ◆

华罗庚[①]：一条龙教学法

中国科学技术大学建校初期，在数学人才的培养上形成了与众不同的模式，也就是组织实施著名数学家华罗庚首创的"一条龙教学法"。

1958年中国科学技术大学成立，中国科学院数学研究所所长华罗庚就任中国科学技术大学应用数学和计算技术系（1964年改为数学系）首任系主任。他认为数学是一门内在联系紧密的学问，是一个整体，各门学科相互贯通，当时国内高校普遍将数学基础课分为微积分、高等代数、复变函数论等课程分开讲授，人为地割裂了数学知识的相互联系。于是，他在中国科学技术大学数学系开创了一种新的教学模式，由他本人担任主讲，组织一支教师团队，包括王元[②]、万哲先[③]等人，从中国科学技术大学应用数学和计算技术系1958级学生开始，把所有数学基础课综合为一门课进行教学，称之为"高等数学引论"，进行连续三年的基础课全过程教学，整个教学过程包含着教师团队的独特风格，包括教学内容选择、课程安排、授课方式和方法等一揽子方案。这种教学法在国内是独一无二的，所以没有现成的教材可以使用。华罗庚亲自动手，带领年轻教师编写《高等数学引论》讲义，并计划最终形成一部六、七卷本的著作，该书的第一卷一、二分册于1963年由科学出版社出版，第二卷第一分册于1981年由科学出版社出版。"文革"期间，华罗庚部分手稿被盗，剩余讲义最终未能出版殊为遗憾。这种教学法，就是让每一

[①] 华罗庚（1910~1985），江苏金坛人，著名数学家，中国科学技术大学创建者之一，应用数学和计算技术系（1964年改为数学系）首任系主任，1961~1984年任副校长。

[②] 王元(1930~)，浙江兰溪人，数学家，中国科学院院士，长期任教于中国科学技术大学数学系。

[③] 万哲先(1927~)，山东淄川人，数学家，中国科学院院士，长期任教于中国科学技术大学数学系。

级学生的数学基础课、专业课以及毕业设计（毕业论文指导）都由一个固定的教师团队负责到底，所以称之为"一条龙教学法"。在中国科学技术大学，以华罗庚为首的教师团队被称为"华龙"负责1958级应用数学和计算技术系学生基础课；由关肇直①、丁夏畦②、林群③等人组成，负责1959级应用数学和计算技术系学生基础课的教师团队被称为"关龙"；由吴文俊④、李培信等人组成，负责1960级应用数学和计算技术系学生基础课的教师团队被称为"吴龙"。1961级开始循环，再由"华龙"负责。华、关、吴分别领衔的三个团队，不采用现成的教科书，根据不同的教学思想和研究风格，形成各具特色的三条"龙"，三足鼎立，风光无限。

华罗庚在中国科学技术大学授课

---

① 关肇直(1919~1982)，广东南海人，数学家，中国科学院院士，长期任教于中国科学技术大学数学系。
② 丁夏畦(1928~2015)，湖南益阳人，数学家，中国科学院院士，长期任教于中国科学技术大学数学系。
③ 林群(1935~)，福建福州人，数学家，中国科学院院士，长期任教于中国科学技术大学数学系。
④ 吴文俊（1919~2017），上海人，著名数学家，中国科学技术大学建校初期即在校任教，1978年任中国科学技术大学数学系副主任。

"华龙"的"龙头"是华罗庚对人才培养的构思,体现在专业设计和主要专业方向上。华罗庚在应用数学和计算技术系设置3个专业:应用数学、电子计算机和工程逻辑,表现了他主张数学需要应用的一贯思想。"龙身"是基础课、专业基础课和专业课程的设计以及主讲人的安排。"龙尾"是毕业实践的方式,既可以是论文形式,也可以是研究报告形式。

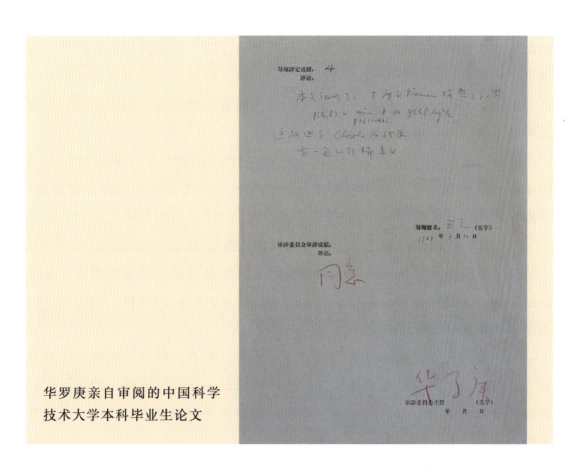

华罗庚亲自审阅的中国科学技术大学本科毕业生论文

华罗庚授课始终保持一根主线的教学思路,数学概念力求简单明了,开篇之处往往会"草蛇灰线、伏延千里",埋下伏笔,前后呼应,产生了步步深入理解、别有洞天的效果。华罗庚的基础课是与王元配合教学的,每周共4学时,讲他自己所写讲义的主要部分,讲主要的思想、定义和定理、原理和原则等。华罗庚在《高等数学引论》的序言中写道:"我讲书喜欢埋些伏笔,把有些重要概念、重要方法尽可能早地在具体问题中提出。"并不止一次地提出,这样做的目的在于"学生将来进一步学习的时候会比较容易接受高深的方法，很可能某些高深的方法就是早已有之的朴素简单的方法的抽象加工而已。"王元每周也上4学时的课，讲教材中比较有技巧性的部分、例题和习题等。

在授课方法上，华罗庚认为深入浅出、通俗易懂地讲出本质的东西是真功夫，所以他经常把一些高深的东西放低了讲，把难的内容改易了，把繁的东西化简了。他还采用生书熟讲、熟书生温的讲授方法，似乎在温熟书，但把新东西加进去了。有时分讲合温，有时合讲分温，即如同把机器零件一一搞清，再看全局，或先看整部机器的作用，再分析要造这部机器需要哪些零件而把条件一一讲明。华罗庚告诫学生做学问要触类旁通、循序渐进，不要没弄懂二维、三维，就跑到N维去。

在分工协作上，华罗庚根据团队成员不同的专业特长，全面组织1958级同学的教学培养工作。除了他和王元搭档主讲外，还安排万哲先、曾肯成[①]讲授代数部分，陈希孺[②]讲授概率论部分，殷涌泉[③]讲授实变函数部分，张里千[④]、钱大同[⑤]讲授数理统计，偏微分方程由吴新谋[⑥]主讲，等等。

关肇直授课十分注意数学与物理的联系，高屋建瓴，富有哲理性。他也计划讲完三年基础课后出版一套名为《高等数学教程》的教材，但最终只出版了三册，其余部分由于历史原因均未能完成。

吴文俊主讲的"数学分析"和"微分几何"的共同特点是起点高、内容深，课程内容安排得紧凑、精炼。虽然课程较难，但经过他深入浅出、生动直观的讲解，绝大部分学生能跟上进度，掌握课堂讲授的内容，达到课程教学的要求。

三位教授的共同特点是治学态度严谨，教学态度认真，对学生要求严格。他们经常了解学生的学习情况，指导辅导教师用习题课配合他们的课堂

---

① 曾肯成（1927~2004），湖南涟源人，数学家，长期任教于中国科学技术大学数学系。
② 陈希孺（1934~2005），湖南望城人，数理统计学家，中国科学院院士，长期任教于中国科学技术大学数学系。
③ 殷涌泉（1930~ ），辽宁沈阳人，数学家，长期任教于中国科学技术大学数学系。
④ 张里千，湖北武汉人，数学家，长期任教于中国科学技术大学数学系。
⑤ 钱大同，数学家，长期任教于中国科学技术大学数学系。
⑥ 吴新谋（1910~1989），江苏江阴人，数学家，长期任教于中国科学技术大学数学系。

讲授。严师出高徒，在名师群体的悉心指导之下，中国科学技术大学应用数学和计算技术系前三届毕业生中涌现出一大批优秀的数学人才，包括中国科学院院士严加安[1]、李邦河[2]，陈省身数学奖获得者冯克勤[3]等。

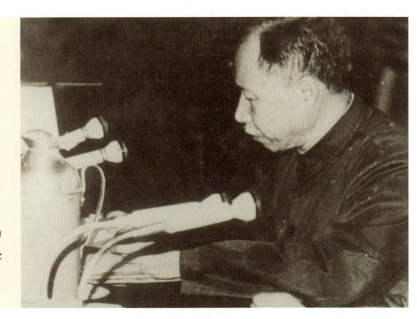

关肇直教授在中国科学技术大学作报告

◆ 方黑虎（根据《中国科学技术大学数学五十年》中相关内容整理而成）◆

---

[1] 严加安（1941~ ），江苏扬州人，数学家，中国科学院院士，1964年毕业于中国科学技术大学数学系。
[2] 李邦和（1942~ ），浙江乐清人，数学家，中国科学院院士，1965年毕业于中国科学技术大学数学系。
[3] 冯克勤（1941~ ），天津宁河人，数学家，1964年毕业于中国科学技术大学数学系。

华罗庚：不为个人而为人民服务

华罗庚是我国著名数学家，他的学术成就蜚声海内外，同时也培养了一大批数学家，在中国数学界形成了以解决数论问题为特长的学术流派——"华派"。1958年，中国科学技术大学成立，华罗庚主持创建了中国科学技术大学应用数学和计算技术系（1964年改为数学系），并亲自为学生授课。

1970年，中国科学技术大学南迁合肥。同年3月，华罗庚在北京受到"文革"的冲击，部分讲义手稿被盗，于是致信周恩来总理，要求找回自己的手稿。周恩来给相关部门做出批示："首先，应给华罗庚以保护，防止坏人害他。次之，应追查他的手稿被盗线索，力求破案。再次，科学院数学所封存他的文物，请西尧（国务院派驻中科院的联络员刘西尧）查清，有无被盗痕迹，并考虑在有保证的情况下发还他。"随之又考虑到华罗庚的身体状况不适合南迁合肥，"第四，华的生活已不适合随科大去五七干校或迁外地，最好以人大常委身份留他住京，试验他所主张的统筹方法。"同时不忘叮嘱具体办事的同志，"此事请你们三位办好后告我。"这样细致周到的安排充分说明了周恩来对华罗庚的关心和保护，在当时的政治环境下能够为华罗庚争取适当的工作生活环境殊为不易。可惜的是，手稿的追查工作最后没有结果。

1978年，中国科学技术大学重建系科专业，华罗庚再次担任数学系主任，一直到他逝世。在此期间，华罗庚多次来到中国科学技术大学的校园，在合肥讲学、讨论和布置工作，带领数学系全体师生开始了第二次"创业"。1983年4月，华罗庚来到中国科学技术大学，在校期间受到学校车队司机孙健的细心照顾。临别之际，华罗庚为表示感谢，为孙师傅题词留念："1983年4月来合肥参加学术汇报，承照拂，感不尽，留数言，共勉旃。不为个人而为人民服务。"寥寥数语可以看出，华罗庚对于学校普通工作人员的努力付出也不忘记，特意向孙健师傅致谢并给予他深深地鼓励，折射出老一辈科学家平易近人的胸怀。"不为个人而为人民服务"，既是华罗庚对孙健师傅的期许，也是对自己一以贯之的严格要求。回想多少年前，他早已许下"为人民服务"的报国初衷。

华罗庚给中国科学技术大学车队司机孙健的题词

1950年春，华罗庚深切感受到了新成立的中华人民共和国的召唤，毅然放弃了美国伊利诺伊大学终身教授之职和个人在学术、生活上的美好前景，选择回国效力。船停香港之际，华罗庚心潮澎湃，情难自抑，奋笔疾书，写下了著名的《致中国全体留学生的公开信》。在信中，他介绍了自己在美国的经历，谈到一个游子在海外的感受，号召海外学成的留学生们早日回国，投入到祖国的建设中去。"朋友们，梁园虽好，非久居之乡，归去来兮！""为了抉择真理，我们应当回去；为了国家民族，我们应当回去；为了为人民服务,我们应当回去。"为了真理,为了国家民族,为了人民,这是华罗庚发自肺腑的呐喊,也是他此后人生的行动指南。

1957年,国家提倡广大科学家进行理论联系实际的研究,华罗庚选择了应用数学这条路,决心在有限的条件下实现数学的应用价值,在生产和管理工作中推广"优选法"和"统筹法",为国家节省资源,提高工作效率。华罗庚在自己任教的中国科学技术大学数学系挑选了一批学生,成立了推广小分队,在全国各地的大型工程、重要厂矿企业进行生产和管理上的指导,取得了巨大的经济效益,社会反响热烈,掀起了一股学"双法"、用"双法"的热潮。然而有些人不满意,开始设法干扰推广"双法"的工作,使推广"双法"的工作到了难以为继的地步。矛盾之中,华罗庚先后两次给毛泽东主席写信,征求毛主席的意见。毛泽东在第二次回信中说:"你现在奋发有

1972年夏,华罗庚在宜昌制药厂推广优选法

为,不为个人,而为人民服务,十分欢迎。"这是来自共和国最高领导人的鼓励和肯定,也与华罗庚长期以来秉持"为人民服务"的信念相契合。所以,即使在特殊的历史时期,他也不改初衷,一如既往地以科学实践服务于人民,服务于国家。

1985年6月,华罗庚前往日本讲学。12日下午,华罗庚登上了东京大学的讲台,为日本数学会做一次学术报告。报告开始后,华罗庚先用中文讲,讲到专门数学问题时由于翻译人员很难准确表达他的意思,他征得大会主席和听众的同意改用英语讲,使得他报告的速度更加快了。会场上鸦雀无声,只有华罗庚洪亮的声音回响在东京大学的报告厅里,并不时爆发出一阵阵掌声。华罗庚完全投入到演讲中了,他讲得满头大汗,先把上衣脱了,又解下了领带,主持人为他准备的轮椅也没有派上用场。演讲结束,华罗庚在暴风雨般的掌声中坐下来,说了一句没人听清楚的话,支撑不住从轮椅中滑了下来,失去了知觉。

华罗庚在日本东京大学讲学

在场的日本朋友很快请来了日本最著名的心脏病专家，对华罗庚进行紧急抢救。然而，医生的持续努力最终没能挽留住这位数学大师的生命，或许他真的是太累了，需要好好地休息了。华罗庚实现了自己生前夙愿，为人民、为国家工作到生命中的最后一刻。

◆ 方黑虎 ◆

华罗庚：综合讨论班

著名数学家华罗庚曾担任中国科学技术大学应用数学和计算技术系（1964年改为数学系）主任、中国科学技术大学副校长，在他任职期间，他开启了中国科学技术大学研究生教育之门径，并在培养研究生和青年教师的过程中有自己的独到之处。

1961年4月，华罗庚担任中国科学技术大学副校长之后，工作重心逐渐由中国科学院数学研究所转移到中国科学技术大学，他把很大的精力放到学生培养工作上。他本人在数学研究所招的1962级研究生钟家庆、孙及广、曾宪立和陆洪文以及1963级研究生林秀鼎的培养工作也都带到了中国科学技术大学进行。

华罗庚指导他的研究生

华罗庚指导研究生的方法是以自学为主，指定要读的书，平均每两周和学生谈一次学问。适当的时候，他还组织讨论班，除了让全体研究生参加，还会邀请学校其他专业的教员甚至外单位的研究人员参加。让不同学科的人员共同讨论一个课题，是华罗庚从事研究和培养人才的一个十分显著的特点。他的研究生、陈省生数学奖获得者冯克勤教授回忆他参加的"不等式"讨论班时介绍："华罗庚之前让我读了一本关于不等式的书，在讨论开始的时候就表示他让我们读这本书是因为他认为这本书写得不好，可以使用矩阵技巧系统整理此书中的矩阵不等式，归结为少数几个手段，使书中的内容看起来更简单。"华罗庚的方法令人出其不意，但收获奇效。"我在他这种不迷信前人的思想熏陶之下，改进了此书中的一个不等式，并且在某种意义下改进到最佳程度。"冯克勤在华罗庚的指导之下迅速走上了数学研究的道路。

1964年，华罗庚倡导和主持了"综合讨论班"，扩大了讨论班的讨论范围和参加人员范围，每周举行一次，事先发出通知寄给有关单位。讨论班的议题不分学科，只要是有兴趣、有意义的数学问题都可以拿出来讨论。参加讨论班的除了中国科学技术大学的师生之外，还有从中国科学院数学研究所、北京大学等高校来的青年学者，甚至远在合肥的安徽大学青年教师李世雄也慕名远道而来，可见华罗庚主持的"综合讨论班"影响力和吸引力之

华罗庚在中国科学技术大学讲学

大。中国科学技术大学数学系常庚哲①教授回忆:"我在一次讨论拉夫伦捷夫方程的讨论班上,受到与会者的启发突然想到了一个证明方法,举手之后便走上黑板,结果在推演中算不下去,十分尴尬,但华先生并没有批评我,继续平静地点评这个题目。我中午回来难受得连饭也吃不下去,极力完成我的证明,终于成功了,我把结果装进一个信封,从门缝塞到华先生的办公室了。"华罗庚很快回信,他给出了更加简洁的证明,并传授研究心得:"可见开始的想法是迂回曲折的,事后类多先见之明,能不怕曲折搞出东西来,再求直道,研究之道在焉。"华罗庚提携后学的师德师风跃然纸上。

华罗庚不仅是一个数学天才,而且才思敏捷,吟诗作对也是他的拿手好戏。1981年4月,华罗庚再次来到合肥,在中国科学技术大学举行综合讨论班,陈景润②、王元、杨乐③、张广厚④等中青年数学家齐聚合肥,一边共商学术,一边为中国科学技术大学学生开课讲学。由于华罗庚的身体状况不佳,学校专门派出一位倪姓女医生照顾华罗庚的健康。一天,华罗庚和大家一起在稻香楼宾馆散步,文思突起,脱口而出:"妙人儿倪家少女。"要求大

数学家杨乐在中国科学技术大学讲学

数学家王元在中国科学技术大学讲学

---

① 常庚哲(1936~),数学家,长期任教于中国科学技术大学数学系。
② 陈景润(1933~1996),福建福州人,著名数学家,中国科学院院士,中国科学院数学研究所研究员。
③ 杨乐(1939~),江苏南通人,数学家,中国科学院院士,中国科学院数学研究所研究员。
④ 张广厚(1937~1987),河北唐山人,数学家,中国科学院数学研究所研究员。

家对出下联。几位学生穷思苦想半天，无奈他们虽然是数学界的俊彦，文学方面却没有得到华罗庚的真传。因为上联中的"妙"和"倪"分别在联中被拆为"少女"和"人儿"，又与同行的倪医生暗合，要对出下联难度确实不小。华罗庚见大家无望得手，才自问自答："搞弓长张氏高才。"其中"搞"和"张"分别被拆为联中的"高才"和"弓长"，并且与在场的张广厚相符，足见华罗庚文思之妙。

说起对联，还有一事更见华罗庚的才情。1963年，中国科学院一大批科学家赴苏联考察，除华罗庚外，还有钱三强、赵九章、贝时璋、梁思成等著名科学家。火车在辽阔的平原上奔驰，科学家们聚集在一起谈古论今，华罗庚诗兴涌起，笑吟吟地建议道："诸位，我们来做对联好不好？"大家齐声应和："华先生，你先说吧。"华罗庚并不推辞，脱口而出："三强韩赵魏。"大家沉思多久，互相打量还是无人开口。原来这个对联确实不简单，"三强"既指历史上战国时期的"韩赵魏"三国，同时又是代表团成员钱三强的名字。还有，这是一个数字联，按照对联惯例，下联必须有另外一个数字来对上联的"三"，而其他任何一个数字所包含的内容都不能通过罗列来与"韩赵魏"三字对应，下联的后三字必须通过概括才能在字数上与上联匹配。最后还是华罗庚自己给出了下联："九章勾股弦。"话音刚落，掌声四起。原来下联中的"九章"既指我国古代数学名著《九章算术》，也是代表团另一成员赵九章的名字。下联又巧妙地解决了数字对应的难处，以"九"对"三"，不需要列举出九章的内容，使后面的字数不对应，因为《九章算术》最重要的成就在于"勾股定理"，即直角三角形两条直角边（勾和股）边长平方和等于斜边（弦）边长的平方，所以"勾股弦"三字就概括了"九章"的内容，与上联"韩赵魏"相对，恰到好处。

◆ 方黑虎 ◆

华罗庚：自信与他助

1981年4月，对于那些希望献身学术的中国科学技术大学数学系青年学子来说是非常幸福的。当时，中国科学技术大学副校长华罗庚携中国科学院数学研究所一大批中青年数学家来到合肥讲学，包括王元、杨乐、谷超豪[①]、张广厚，其中声名最著者当属摘取数学王冠上的明珠、突破哥德巴赫猜想的陈景润研究员。

陈景润在中国科学技术大学讲学

---

① 谷超豪（1926~2012），浙江温州人，数学家，中国科学院院士，1988~1993年任中国科学技术大学校长。

陈景润在中国科学技术大学时衣着朴素，上课神情专注且亲切，极富学者风范，半点也看不到传说中他由于痴迷数学而几乎与世隔绝的形象。陈景润是一个时代的科学代表人物，他的成长成才与华罗庚紧密地联系在一起。如果说自信是探索科学真理过程中的明灯，那么对于一个新手来说，来自前辈、资深同行的帮助则像燃油一样使灯光更明亮。在中国数学史上有这样两段佳话，几乎完美地诠释了在科学家的成长过程中自信与他助的重要性。

华罗庚在清华大学校园留影

1931年，华罗庚初次来到清华大学。他之所以能成为世界著名的数学家，与他在清华大学的经历有很大的关系。华罗庚自幼对数学情有独钟，几乎到了痴迷的程度。他的中学老师王维克[①]早年留学法国，精通数理，十分看重华罗庚的数学天赋，便加以格外培养。初中毕业后，华罗庚辍学在家，

---

① 王维克（1900~1952），江苏金坛人，翻译家，居里夫人的学生。

精研数学不止。20岁的华罗庚从当时著名的科学杂志《学艺》上看到了苏家驹的一篇题为《代数的五次方程式之解法》的论文，精心研读之后，华罗庚发现苏家驹的推论并不正确，于是撰文予以反驳。论文的初稿出来之后，华罗庚觉得自己一个无名青年给大名鼎鼎的学者挑刺，心中不免惴惴不安，便拿着论文去找老师王维克。王维克看完后大加赞扬，鼓励他将论文稍加整理寄给上海的《科学》杂志。1930年12月，《科学》杂志发表了华罗庚的文章《苏家驹之代数的五次方程式解法不能成立之理由》。该文发表后，立即引起了一位数学大家——清华大学数学系主任熊庆来[①]的关注。熊庆来爱才如命，次年，在他的多方努力之下，只有初中学历的华罗庚破例进入清华大学，开始了高水平的数学研究生涯，并最终从这里走向世界，成为举世瞩目的数学大师。

  时隔35年，华罗庚早已蜚声海内外，他的数学名著《堆垒素数论》成为中国数学界的经典著作之一，在世界范围内受到广泛好评。此时，在厦门大学图书馆内，有一位沉迷于数学世界的青年馆员也正孜孜不倦地钻研这本名著，他就是大学毕业三年的陈景润。随着钻研的深入，在对《堆垒素数论》有了整体上的把握后，陈景润发现这本著作并非天衣无缝，他觉得书中关于塔内问题的论述尚有几个地方可以改进，于是立即将自己的改进方法著述成《塔内问题》一文，呈交给厦门大学数学系的李文清教授，请他帮忙审定。"李老师，这是著名数学家的著作，我这样做，是不是太狂妄，太放肆呢？"陈景润心中也和当年的华罗庚一样忐忑不安，留下了这样的疑问。时隔几天，李文清教授把审阅后的论文交还陈景润，亲切鼓励道："我和其他几位老师都看了你的论文，我们认为你的工作使《堆垒素数论》更完美了，要是你愿意的话，我们建议你把它直接寄给华罗庚教授。"老师的热情让陈景润变得自信。半月之后，华罗庚看到了陈景润的《塔内问题》。看完论文，华罗庚被这个素不相识的年轻人在文章中表现出的智慧和胆识深深地打动了，因为《堆垒素数论》自问世以来备受称颂，中外数学界还无人对其阐述的问题提出可以改进的方法，华罗庚立即决定要将这位极具数学天赋的青年调来自己身边深造。次年，陈景润来到了向往已久的中国科学院数学研究所，使

[①] 熊庆来（1893~1969），云南弥勒人，著名数学家，曾任清华大学数学系主任。

他如鱼得水，并最终在哥德巴赫猜想问题上取得了前所未有的突破，摘取了数学王冠上的明珠，一夜之间名扬世界数学界。

华罗庚、陈景润都堪称中国数学史上的天才，他们历尽磨难，自学成材，但他们是幸运的，遇王维克、李文清等良师于前，得到指点和鼓励，确立了从事科学研究的自信，又得熊庆来等大师的首肯和关注在后，从而走上了科学研究的坦途。中国数学史上这两段师生之间的佳话展现了科学大师和前辈所具有的广阔胸怀，也说明了有志于科学的青年要成为一个有所作为的科学工作者，应该具备自信的品质，不能妄自菲薄。科学技术研究正是通过青年和前辈之间的传承接续而得以不断发展，如果每一个科学工作者都像华罗庚一样，前进中有面对困难和挑战的勇气，功成之后又热心扶持、提携后进，科学的精神在每一代人中都会薪火相传，迈向巅峰。

◆ 方黑虎 ◆

钱学森[①]：中国科学技术大学里的基础课

1959年5月26日，中国科学技术大学力学和力学工程系（1961年改名为近代力学系）系主任钱学森在人民日报撰文《中国科学技术大学里的基础课》，全面介绍了何为大学里的基础课，中国科学技术大学为什么重视基础课教学，如何重视基础课教学以及基础课的课程设置和教师配备情况。通过这篇文章，我们能够清晰地了解中国科学技术大学建校之初教学工作的特点，也可明白中国科学技术大学重视基础课教学的优良传统源于何处。

钱学森发表在《人民日报》上的文章

[①] 钱学森（1911~2009），浙江杭州人，著名应用力学、工程控制论、系统工程学家，中国科学技术大学创建者之一，力学和力学工程系（1961年改名为近代力学系）首任系主任。

"中国科学技术大学是为我国培养尖端科学研究技术干部的，因此学生必须在学校里打下将来作研究工作的基础。"开篇明义，钱学森在文章之首就介绍了中国科大的人才培养使命，以说明重视基础课教学的必要性。中国科学技术大学的成立是国家重大战略，是为"两弹一星"工程培养后备人才的，这要求中国科学技术大学的学生必须学好数理化，为日后从事国防科技事业奠定坚实的基础。以历史的眼光来看，中国科学技术大学选择加强基础课教学、培养尖端科技人才的育人路径是成功的。时至今日，"文革"前入学的中国科学技术大学毕业生中已经有38人当选"两院"院士，同期毕业生当选比例位于全国高校之首，还有20多人成为科技将军。尖端人才的大批涌现证明了中国科学技术大学重视基础课教学的培养模式是成功的。

曾有校友回忆，20世纪80年代，国家某型火箭发射前，召开各分系统总工程师协调会，到会的十余位总工程师居然有一半是同学，他们都来自钱学森任系主任的中国科学技术大学力学和力学工程系。这是中国科大人不忘初心、献身国防的历史回响，在中国科学技术大学科教报国的传奇岁月中经久不息。

钱学森把基础课分为两类——基础理论和基础技术。基础理论即数学、物理和化学，基础技术如机械设计等。他强调学习物理、化学基础理论的重要性："它们也就是我们在摸索过程中的指南针，在许多条看来可以走的道路中，帮助我们判断哪一条、或哪几条道路是可以走得通的，""我们作研究，不必在肯定是错的路子上花工夫，而应该集中精力于肯定是或可能是对的路子上。"他还分别以永动机、高能碳氢化合物的不可能为例说明基础理论对于选择科研方向的重要性。

钱学森把数学视为"一个非常有效的研究工具"。"我们的数学课是比较全面的，它的内容不比解放前大学数学专业所学的整个数学课少，"钱学森介绍了中国科学技术大学数学课的教授方法与其他学校有所不同，"我们对每一个数学概念都从它的来源讲起，""一个概念引入了以后，我们就进行系统的、严格的论证和发展，使学生有一个巩固的基础，""在每讲了一个数学的概念和系统论证之后，我们还通过具体的实际问题来解说使用这个理论的方法。"这是由华罗庚领衔的高等数学教学组首创之"一条龙教学法"的一个重要特点。

中国科学技术大学对数理化基础课的重视究竟到什么程度呢？首先设置专门机构，成立高等数学、普通物理、普通化学教学组，分别由著名科学家华罗庚、施汝为、柳大刚担任组长，统一布置全校的基础课教学工作。其次，基础课课程比重高。以1958级物理热工系为例，学生每周上课6天，除去劳动课和共产主义教育课以外，还有44节课，其中数理化基础课程21节，整体课业繁重程度非同一般，基础课占据很大比例。到了1959年，学校考虑到学生的学习任务太重不利于人才培养，提出学生功课应紧一些，但不能过分重，要恰如其分；教学目标的实现不要靠增加教学时间，要从改革教学内容、教学方法等方面考虑，随之调整了学习时间。以1959级放射化学与辐射化学系为例，除去劳动课和共产主义教育课以外，学生每周还有28节课，其中数理化课程19节，整体课业时间缩短，但数理化基础课时间几乎不变。同时期的北京大学物理系每周22节课，基础课12节；清华大学物理热工系每周29节课，基础课11节。对比之下，中国科学技术大学基础课教学任务比较"重"，时间安排比较"紧"的特点一目了然。

中国科学技术大学的基础课教学不仅有"重"和"紧"方面的要求，还同时强调内容必须讲深、讲透，学生要学深、学透，"重、紧、深"成为学校各系对于基础课教学的普遍要求。钱学森执掌的力学和力学工程系如此，赵九章创办的应用地球物理系也不例外。1959年全国教改，很多学校都将"普通物理"和"电磁学""电动力学""力学""理论力学"等课程打通后合并授课，物理课程深度下降，中国科学技术大学也这样改了。应用地球物理系部分同学学完之后，赵九章发现这些学生学习效果不好，不能达到预期的目标。最后，这些同学上到大学四年级的时候，赵九章让同学们"返工"，跟着物理系低一年级的同学一起学习半年严济慈讲授的电动力学课程，加强这方面基础的学习。中国科学技术大学对于基础课的重视由此可见一斑。

"我们重视基础课，不但可以从学时所占比例上看出来，而且也可以从科技大学基础课的教师名单上看出来。"钱学森着重介绍了走上中国科学技术大学基础课讲台的科学家群体，学部委员华罗庚、关肇直、吴文俊等负责高等数学课程的讲授；学部委员吴有训①、严济慈、马大猷②等讲授普通物理课程；学部委员王葆仁③、梁树权④以及杨承宗⑤教授等讲授普通化学课程。大师云集，誉满京华，当年中国科学技术大学严济慈、钱学森等名师开课的时候，吸引了北京各大高校的青年教师和学子前来听课，这也开启了中国科学技术大学院士、教授给本科生上基础课的传统，薪火相传，生生不息。中国科学技术大学的院士、教授们正如钱学森所言，为了培养更多更好的尖端科技人才，自己"再多白一些头发又算什么"，认为给本科生讲授基础课责无旁贷。几年前，国家级教学名师、中国科学技术大学数学系教授史济怀⑥年近80仍然站在本科生教室的讲台上上课的感人事迹传为一时佳话。这样的优良传统保证了中国科学技术大学本科毕业生培养质量一直在国内名列前茅，在国际上也享有盛誉。

◆ 方黑虎 ◆

---

① 吴有训（1897~1977），江西高安人，著名物理学家，中国科学技术大学建校筹备委员会成员。曾任中国科学院副院长。
② 马大猷（1915~2012），广东潮阳人，著名声学家、物理学家，长期任教于中国科学技术大学，1978年任中国科学技术大学无线电电子学系主任。
③ 王葆仁（1907~1986），江苏扬州人，著名化学家，长期任教于中国科学技术大学，1958年任中国科学技术大学高分子化学和高分子物理系副主任。
④ 梁树权（1912~2006），山东烟台人，化学家，中国科学院院士，长期任教于中国科学技术大学。
⑤ 杨承宗（1911~2011），江苏吴江人，化学家，中国科学技术大学创建者之一，放射化学和辐射化学系首任系主任，后任副校长。
⑥ 史济怀（1935~ ），浙江湖州人，中国科学技术大学数学系教授，曾任中国科学技术大学教务长、研究生院院长、副校长等职。

钱学森先生指导下的中国科学技术大学力学和力学工程系火箭小组

我是中国科学技术大学力学和力学工程系（1961年改名为近代力学系）第一届学生，在大学一、二年级时，担任钱学森先生亲自指导的中国科学技术大学力学和力学工程系火箭小组秘书组的组长。2008年9月，在中国科学技术大学校庆50周年之际，中国科学技术大学出版社出版了我编著的《钱学森与中国科学技术大学力学系火箭小组》一书。

力学和力学工程系同学研制的"科大4C"型人工降雨火箭准备发射

翻开1998年中国科学技术大学档案馆和校长办公室编印的《中国科学技术大学大事记》（以下简称《大事记》），在1958年12月27日栏下记载的唯一事件是"力学和力学工程系火箭小组研制的模型火箭试验成功"。当时，我以校刊通讯员的名义在中国科学技术大学校刊上发表过《模型火箭上了天》一文，报道了那次成功的发射试验。

在《大事记》1959年1月3日栏下记载的是"学校派代表参加中国科学院元旦献礼大会，学校向大会献礼的礼品有电子计算机、单级模型火箭……"。

在1960年2月28日栏下记载的是"学校召开第一次科学研究工作报告会，参加大会的有……中国科学院力学研究所所长兼力学和力学工程系主任钱学森……大会上，力学系二年级学生作了关于人工降雨火箭试制工作报告……钱学森作了关于人工降雨火箭及脉动式发动机试制工作报告的总结……"。

在1960年8月栏下记载"从6月至今，我校力学和力学工程系及应用地球物理系的同学，在北京市八达岭进行了13次催化暖云降雨的试验，取得了初步成效"。

应该说，《大事记》成功地捕捉到了火箭小组在钱学森先生指导下开展工作和活动的几个闪光点。

1958年的秋冬，学校和该系正确地引导了同学们高涨的学习热情和参加勤工俭学活动的积极性，在力学和力学工程系成立了以学生为主体和主力的火箭研制小组，开始只有7个人，以后增加到9人，十几人，几十人。到了1959年，在学校倡导低年级学生就开始搞科研这一方针的推动下，火箭小组曾扩大到与其他系合作，比如与地球物理系、自动化系的合作，那时的火箭小组早已不是原来意义上的"小组"，规模远远超过百人，是一个地地道道的"大组"了。

火箭小组初创时期非常艰苦，同学们一方面有着很重的课业负担，一方面在科研方面也给自己提出了很高的目标。没有厂房，就在新搭建的几间简易活动房内进行试验，冬天很冷，室内无取暖设备，同学们加班加点熬夜进行工作已成家常便饭。那时火箭小组没有经费买许多书，有时甚至由几位同学"开夜车"，自己用钢板刻蜡纸，抄录书中的内容，然后油印，分发给火箭小组的成员阅读学习。有一本书叫《火箭技术导论》，记得是国防工业出版社出版的，就是用上述方式油印后发给大家的。那种艰苦创业、顽强学习与拼搏的精神，颇有点像同期我们国家搞"两弹一星"的那股劲，也不奇怪，搞大火箭和小火箭都是由钱学森先生指挥和指导的，只是后者还增添了育人的色彩！

就在入校后百天之内，我们把长约1米，箭体直径约10厘米，以中碳钢为固体发动机壁面材料，内装空军歼击机驾驶员座下紧急情况跳伞时用的火药——双基药（成分为硝化棉与硝化甘油），使用自己设计和加工的钢制超音速喷管，铝制外壳的小火箭，发射到约5000米的高度。校党委书记郁文和副书记兼教务长张新铭等都曾观看过火箭发射试验。

钱学森先生适时地参与并指导了火箭小组的工作。当他知道我们取得了的初步成绩，并了解了小火箭的设计、加工情况后，高兴极了。他半开玩笑地对我们说"你们的路子走对了，简直是发了科学洋财"，对于如何改进设计，他提出了一些具体的意见和建议，有的是口头说的，也有书面的。令我至今深感遗憾的是，当时他曾给我回过一封信，内容有两三页之多，记得信中他认真地解答了一些问题，并谈到了一些改进意见。后来校方开展保密大检查，我只好把它交给上级（当时的中国科学技术大学党委一科，即保密科负责统一掌管此类事情），作为需要保密的资料保存了。后来，中国科学技术大学南迁到安徽。几年前，我曾通过正式与非正式的渠道，托人查询、查找过这一资料，看是否还保存着，但一直没有结果。

钱学森先生与火箭小组座谈，指导小火箭的研发、研制等工作有好多次，有时就在简易房，有时在系办公室。1960年2月28日，在校办公楼楼上第二会议室召开全校科研工作报告会分组讨论。那时全国都提倡"土法上马""土洋结合"。记得会上有一位专家建议，为了降低成本，建议我们可以考虑将使用的超音速喷管由钢制改为水泥制或陶瓷制，钱学森先生对这个意见不以为然，明确表示不赞成。他说："该洋的地方还是要洋嘛！"他反对跟风，反对人云亦云，而是实事求是，以科学为依据。

到了1959年和1960年，火箭小组的工作已相当深入，从初期的以上天、打得高为目标，逐渐转为重视科学实验与科学分析，以提高整体水平，为进一步发展打好基础。那时我们已使用电阻应变仪和长余辉示波器测量和分析

钱学森和火箭小组成员座谈并指导工作

发动机壁所受应力情况，用自己研制的弹道摆测量发动机的推力，请解放军空军雷达部队协助，用雷达观测火箭发射情况与发射高度，用自动弹射出降落伞的方式，成功地回收小火箭。为了提高小火箭的射程，还研制出双级火箭。同学们在研制工作中，有不少发明创造，有的用于分析与提高小火箭的性能，有的用于它的加工、制造与生产，有的用于它的推广和使用。小火箭的研制，无论从成果上，还是从育人上，都取得了瞩目的、实实在在的成绩。小火箭的研制较为成熟后，钱学森主任建议我们与中国科学院地球物理研究所人工控制天气研究室及中央气象局合作，以它作为运载工具，把降雨催化剂带到云中炸开散播，用来人工降雨或增雨，或者用于消除冰雹。1960年夏天，我们曾驻扎在北京八达岭长城附近的山地，住在自己搭建的帐篷中，连续做了两个月的人工降雨试验，取得了较为明显的效果。校党委副书记王卓和中国科学院地球物理研究所所长兼中国科学技术大学地球物理系主任赵九章先生，都曾前往参观和视察。与此同时，力学和力学工程系火箭小组还派遣了一支小分队，前往甘肃兰州地区用小火箭作为运载工具，进行人工消除冰雹的试验，取得了较好的效果。之后不久，中央气象局等单位曾成百支地向我们下订单。北京大学数学力学系和内蒙古大学等都曾派人来进修学习。一些国内新闻媒体也纷纷来校采访，刊登了同学们发射火箭的照片。之后，日本的报纸对我们的小火箭作了报道。意大利和苏联格鲁吉亚共和国相关部门也曾与我们进行学术交流，寻求合作，有的还索要了图纸。苏联科学院通过中国科学院向我们索要样机，我们很郑重地向他们赠送了一支单级火箭和一组双级火箭的样机。

这段40多年前曾经引起过轰动的历史，或许由于时间的推移，变得有些鲜为人知了，但它的确在一个相当长的时期和不小的范围内发生过，它对我们的成长、进步直接或间接地产生过重要而深远的作用和影响，钱学森先生始终是这项活动的坚定支持者和指导者。

◆ 张瑜（原文刊载于2009年第6期《力学与实践》杂志） ◆

钱学森：编织院士和将军的摇篮

这是一张中国科学技术大学力学和力学工程系（1961年改名为近代力学系）首任系主任钱学森主持教学工作会议的照片。钱学森保持他秋冬之际的一贯穿着，系围巾，戴礼帽，左手边是他邀请来的物理学家严济慈，他们与其他同事一起讨论力学系的教学工作。

钱学森主持力学和力学工程系教学工作会议

钱学森是我国著名科学家，谈到他从事教育工作就要从中国科学技术大学的创办说起。1958年初，经过将近十年的艰苦创业，我国的社会主义建设事业已经蓬勃发展起来了，全社会的建设热情高涨，以中国科学院为骨干力量的中国科学技术事业的发展也呈现出欣欣向荣的局面，"两弹一星"工程正式启动，中国尖端科学技术突破的画卷徐徐拉开。然而，审视现有的人才队伍，中国科学院的决策者和科学家们发现人才储备严重不足，不利于尖端科学技术向纵深突破。

中国科学院力学研究所所长钱学森、副所长郭永怀、党委书记杨刚毅商定，向中国科学院建议创办一所星际航行学院，培养未来的尖端力学人才。几乎与此同时，中国科学院众多科学家提议充分利用中国科学院名师云集的优势创建一所大学，为业已展开的国家重大科技战略培养后备人才。中国科学技术大学由此应运而生，于1958年9月20日在北京成立，郭沫若出任校长，钱学森成为力学和力学工程系首任系主任，着手打造培养未来院士与将军的摇篮。

钱学森、郭永怀积极投入到力学和力学工程系的创建工作之中，确定该系设立高速空气动力学、高温固体力学、化学流体力学、土及岩石力学4个

钱学森给力学和力学工程系同学作专业介绍

专业，精心安排力学系的教学计划、课程设置和师资配备。1958级同学入校后不久，钱学森就亲自来到学校给同学们介绍力学和力学工程系的教学计划。他认为未来尖端科学技术的发展必然要求科学与技术的结合，教学内容要做到科学与技术的结合，希望同学们能够成为有科学研究能力的工程技术人才。为了达成以上目标，课程设置方面既要考虑到宽厚的基础理论和技术基础教育，又要在专业课程设置上突出先进性与前瞻性。为了吸引最优秀的中学生报考中国科学技术大学力学和力学工程系，钱学森亲自撰写了1958年和1959年力学和力学工程系的介绍，并登载在中国科学技术大学的招生刊物中，他对该系的整体情况和4个专业作了精辟的介绍，吸引了一大批优秀中学生选择报考中国科学技术大学力学和力学工程系。

为了培养未来的尖端科学技术人才，钱学森想方设法邀请中国科学院的著名科学家为力学和力学工程系的同学们授课，用他自己的话说"我把科学院的大炮都给你们调来了"。物理学家严济慈、钱临照①讲授"普通物理"，数学家吴文俊讲授"高等数学"，留美归国博士蒋丽金②讲授"普通化学"。大三、大四阶段，钱学森几乎动员了力学研究所全体高级研究人员为学生开课，郭永怀、吴仲华③、林同骥④、郑哲敏⑤、李敏华⑥、卞荫贵⑦、吴承康⑧等一大批科学家走上讲台，他自己也为力学和力学工程系同学讲授"星际航行概论"课程。

---

① 钱临照（1906~1999），江苏无锡人，著名物理学家，长期任教于中国科学技术大学，1978~1984年任副校长。
② 蒋丽金（1919~2008），北京人，著名化学家，中国科学院化学研究所研究员，长期任教于中国科学技术大学。
③ 吴仲华（1917~1992），江苏苏州人，著名工程热物理学家，中国科学技术大学创建者之一，物理热工系首任系主任。
④ 林同骥（1918~1993），北京人，著名流体力学家，长期任教于中国科学技术大学。
⑤ 郑哲敏（1924~ ），浙江鄞县人，著名物理学家、力学家，长期任教于中国科学技术大学。
⑥ 李敏华（1917~2013），江苏吴县人，力学家，中国科学院院士，长期任教于中国科学技术大学。
⑦ 卞荫贵（1917~2005），江苏兴化人，流体力学家，长期任教于中国科学技术大学。
⑧ 吴承康（1929~ ），河北滦县人，高温气体力学家，中国科学院院士，长期任教于中国科学技术大学。

1961年9月，钱学森在中科院自动化所阶梯大教室给近代力学系1958级、1959级共约400名学生讲授"火箭技术概论"，北京大学、清华大学、北京航空航天大学等院校的许多青年教师以及力学研究所、自动化研究所、物理研究所、电子学研究所的一批专业人员，都来聆听大师的教诲。由于自动化研究所的阶梯教室只有400个座位，所以规定凡不是中国科学技术大学1958级和1959级学生的听课者，都得自带小板凳或马扎，坐在阶梯教室的过道上听课。钱学森每周上一次课，一次4个学时，他的课通俗易懂，对授课中的重点、难点和疑点讲述得十分清楚。他的板书非常规范，数学推导严谨，有时还事先准备图表，贴在墙上，以帮助教学。他尤其强调量级的估算和量纲、单位等，因为力学是一门定量的科学，火箭的设计是丝毫马虎不得的。有的同学做习题标错了小数点和单位，他都提出了严肃的批评。由于钱学森讲授的是非常前沿的科学技术知识，没有现成的教材，每次授课内容均由几位助教笔录，再由他本人审阅修改后，印刷成活页讲义，大概一个星期后发给同学们。由于课程内容比较敏感，同学们拿到的讲义都有编号，平时由班上的保密委员负责保管在保密柜中，同学上课的笔记本也被列入保密范畴。同学需要复习时，可以向保密委员登记借用，用后归还。

钱学森给中国科学技术大学同学授课

钱学森的课堂教学极具魅力，令很多听过课的学生终生难忘。但令他们刻骨铭心的却是"火箭技术概论"课程的第一次期末考试。1962年1月27日上午 8 点 30 分,"火箭技术概论"课程期末考试开始。这是一次开卷考试,钱学森允许同学们带讲义和课堂笔记,甚至做过的作业都可以带入考场。力学和力学工程系 1958 级同学在自动化研究所阶梯教室考试,1959 级同学在玉泉路本部教学大楼考试,钱学森亲自主持 1958 级同学的考试,考场鸦雀无声。考试卷面非常清晰,只有两道题。第一道是概念题,占 30 分,要求同学们推导出第一宇宙速度、第二宇宙速度、第三宇宙速度、齐奥尔可夫斯基公式、阿克莱公式等。第二道题占 70 分,题目是:从地球上发射一枚火箭,绕过太阳,再返回到地球上来,请列出方程、求出解。题目很明确,可同学们难以落笔,不知从何处下手,考到中午十二点,竟然无人交卷。钱学森让同学们先去吃饭,吃完回来继续考。鏖战到下午三四点钟,四位同学陆续晕倒,被监考的助教抬出去休息,其余同学继续奋战到底,一直考到傍晚才陆续交卷。名师出高徒,也只有像钱学森这样深具远见卓识、严格要求的老师,才能最终将中国科学技术大学力学和力学工程系打造成院士和将军的摇篮。

考试成绩出来后,95% 的同学不及格。钱学森自有办法,他把卷面所得分数开方,再乘以 10,这样卷面成绩 36 分的同学,就成了 60 分。这样处理后,70% 的同学及格了,再加上平时的测验、作业等因素,最终 80% 的同学通过了考试。钱学森对考试成绩的处理方式,充分体现了他"高标准、严要求,但给予出路"的教学管理特点。对于这次考试,钱学森很不满意,他认为同学们的基础还不够扎实,需要回校补课。因此力学和力学工程系 1958 级学生多留校半年,重新学习"力学"和"高等数学"课程。他们虽然晚了半年毕业,但是打下了坚实的数理基础,在日后的科研工作中受益匪浅,200 人中诞生了 3 位中国科学院院士,科学家成才率之高在国内罕有比肩者。

钱学森除了给力学和力学工程系同学讲授"火箭技术概论",还为化学物理系同学开设"物理力学"课程,也经常给全校学生作科研和学习方面的报告,开阔同学们的视野,指导同学们的学习,引领他们走进科学技术研究的殿堂。

1961 年 5 月,钱学森为中国科学技术大学全体同学作了《关于苏联载人宇宙飞船》的报告。他首先介绍了苏联和美国在航天领域的最新进展,并以苏联宇宙飞船为例，对从事航天工作需要克服的技术问题进行了具体分析，随之提出了我国航天的近期任务和远期目标，鼓励同学们刻苦学习，在未来几十年时间内先实现太阳系内的行星际航行，然后在此基础上向宇宙更深处进发。同年11月，钱学森接受华罗庚副校长的邀请，再次为中国科学技术大学全体师生奉上了另一场精彩报告——《谈谈工作与学习》，他分别从学习基础理论、学习方法、注重定量、选择参考书、解决问题、重视实验六个方面向大家介绍了自己在工作和学习中的体会。1963年3月，钱学森还为1958级学生做了《如何撰写毕业论文》的报告，指出撰写毕业论文是为今后从事科研工作练兵，所以一定要严肃、严密、严格，并就此事作了专门部署，亲自听取学生毕业论文答辩。

1963年，钱学森在中国科学技术大学开始招收、指导研究生，他和年轻同志一起草拟了物理力学专业研究生培养计划，从培养目标、研究方向、学

钱学森和他的研究生马兴孝

习年限和时间分配、必修课程、学位论文、毕业论文、科学报告及讨论、教学实习、生产劳动九个方面对物理力学专业研究生培养工作提出了全面要求。

钱学森学识渊博，规划超前，培养学生亲力亲为，言传身教胜过无数枯燥的说教，影响了力学和力学工程系的几代师生。他的学生们都很敬重他，更以曾经是他的学生而感到自豪。他们在学校的那几年接受到世界一流水平教授的教育，打下了扎实的数理基础和专业基础，懂得了如何学习和研究、如何分析和解决问题。毕业后，无论是从事基础研究、应用研究，还是从事工程技术工作，他们都表现出基础好、知识面宽、适应性强、后劲足的特点，很快成长为所在单位的科研骨干。"文革"前，约有1000名学生从力学和力学工程系毕业，其中有8人成长为中国科学院、中国工程院院士，有9位成长为科技将军，该系被誉为院士和将军的摇篮当之无愧。

◆ 方黑虎 ◆

钱学森：关注中国科学技术大学的学科建设

1962年10月，中国科学技术大学近代力学系系主任钱学森致信武汝扬①副校长，针对学校"关于调整专业与系的意见和草案"中拟取消爆炸力学专业提出看法，表明这样的调整设想是基于："院及分院的调整方案中将我所

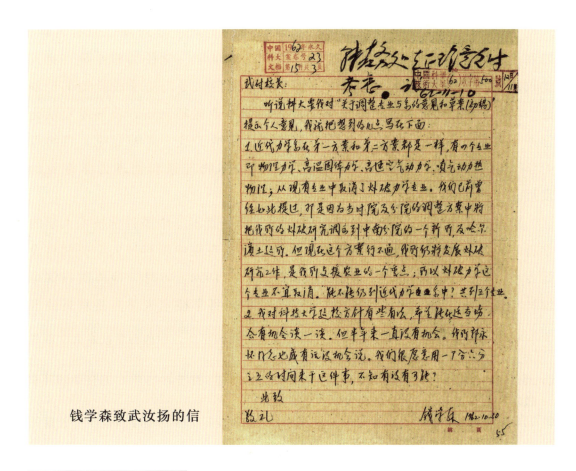

钱学森致武汝扬的信

---

① 武汝扬(1912~1997)，山西祁县人，物理学家，中国科学技术大学创建者之一，无线电电子学系首任系主任，后任副校长，1977年9月任学校党委书记。

（中国科学院力学研究所）的爆破研究调出到中南分院的一个新所及哈尔滨土建所，""但现在这个方案行不通，我所仍将发展爆破研究工作，是我所支援农业的一个重点。"他建议学校根据力学所实际情况保留近代力学系的爆炸力学专业，这一建议得到了学校的尊重。

自参与中国科学技术大学创办以来，钱学森主持创建力学和力学工程系（1961年改名为近代力学系），设置高速空气动力学、高温固体力学、化学流体力学、土及岩石力学四个专业，他对该系的专业调整一直倾注心血，而且在往后半个世纪与中国科学技术大学的来往中，也一直关注着中国科学技术大学的学科建设。

1963年，教育部要求学校调整系和专业，建议近代力学系高速空气动力学专业改名为空气动力学专业，钱学森与郭永怀、吴仲华①商议后认为空气动力学不足以反映学校发展尖端科学技术的特点，要求保留原有名称，以利于该专业的发展，最终改名之事作罢。1964年，学校调整专业，有人建议取消化学系的物理力学专业，钱学森知道后，专门给学校党委书记刘达②写信，认为应该保留物理力学专业，保留专业教师队伍，将该专业从化学系调整到技术物理系更为合适。学校最后采纳了钱学森的意见，将物理力学专业调整到技术物理系，推动了学校技术物理系和物理力学专业的发展。

中国科学技术大学南迁合肥以后，钱学森一直不忘中国科学技术大学的学科建设。1992年9月，他致信葛庭燧③教授："现在中国科技大学有材料设计专业吗，似应设此专业，将来还可以设系。"1994年6月，他再次致信中国科学技术大学韩肇元④、伍小平⑤教授："中国科学技术大学真是新高技术

---

① 吴仲华（1917~1992），江苏苏州人，著名工程热物理学家，中国科学技术大学创建者之一，物理热工系首任系主任。
② 刘达（1911~1994），黑龙江肇源人，教育家，1963年5月至1975年11月任中国科学技术大学党委书记，后任清华大学党委书记。
③ 葛庭燧（1913~2000），山东蓬莱人，著名金属物理学家，中国科学院院士，长期任教于中国科学技术大学。
④ 韩肇元（1937~ ），上海人，长期任教于中国科学技术大学。
⑤ 伍小平（1938~ ），天津人，实验力学家，中国科学院院士，长期任教于中国科学技术大学。

钱学森致刘达的信

的突击手,而力学系也很称职,下决心像顾海澄①教授那样预见到21世纪,开创新学科、新专业——材料设计。"鼓励中国科学技术大学近代力学系尽快开设材料设计专业。1996年1月,钱学森就材料设计领域的工作再次致信中国科学技术大学伍小平、虞吉林②教授,希望中国科学技术大学在这方面做出好的工作。中国科学技术大学的材料设计领域研究由此起步,在钱学森的亲自指导下,经过20年的发展,已经建成中国科学院材料力学行为和材料设计重点实验室,并取得了很多重要成果,在国内材料设计领域具有举足轻重的地位。

---

① 顾海澄(1933~),浙江鄞县人,材料科学家,西安交通大学教授。
② 虞吉林(1946~),浙江慈溪人,长期任教于中国科学技术大学。

钱学森致韩肇元、伍小平的信

钱学森时刻关注着世界前沿科学的发展，并及时向中国科学技术大学的管理者们推介，希望中国科学技术大学永立前沿科学技术发展的潮头，不忘初心，科教报国。1994年1月，钱学森致信中国科学技术大学校长汤洪高①教授，对汤洪高教授出任校长表示祝贺，并建议："我也祝愿中国科学技术大学在新时代发展新方向：纳米科学技术，做出重要贡献！"1997年5月，钱学森再次致信虞吉林、伍小平教授时又提到纳米科学技术将是"又一次新技术革命，一次产业革命的先声"，鼓励中国科学技术大学办好这方面的专业。在钱学森的持续关注下，中国科学技术大学的纳米科学技术研究很快发展起来，并在世界上占有一席之地。如今，中国科学技术大学筹建的合肥微尺度物质科学国家实验室的7个研究部中就有纳米材料与化学研究部，意味着中国科学技术大学的纳米科学研究已经处于国内领先水平。

---

① 汤洪高（1939~　），山东阳谷人，晶体物理学家。曾任中国科学技术大学党委书记、校长，全国人大常委，中共中央委员。

钱学森致汤洪高的信

    1998年9月,钱学森致信中国科学技术大学新任校长朱清时[①]院士,希望中国科学技术大学考虑即将到来的农业产业化革命,"绿色农业(今日的农业)、白色农业(微生物农业)、蓝色农业(海洋农业)并举",请朱清时校长结合这种未来的发展方向考虑21世纪的中国科学技术大学发展方向。中国科学技术大学多年的办学方向中并没有着力于新农业领域,但钱学森先生的殷殷期望之情却令中国科学技术大学全体师生十分感念。中国科学技术大学,尤其是近代力学系的学科发展浸透着钱学森先生的心血,随着2009年10月斯人长去,钱学森与中国科学技术大学半个世纪的科教合奏曲定格为历史的绝唱。

◆ 方黑虎 ◆

[①] 朱清时(1946~)四川成都人,化学家,中国科学院院士,1998年6月至2008年9月任中国科学技术大学校长。

郭永怀[①]：有一种情怀叫报国

2003年9月18日，建校45周年校庆前夕，中国科学技术大学安排了一场隆重的捐赠仪式，外语教研室离休教授李佩将其先生——中国科学技术大学化学物理系首任系主任郭永怀荣获的"两弹一星"功勋奖章捐赠给中国科学技术大学校史馆永久珍藏和展示。捐赠仪式上，中国科学技术大学校长朱清时院士代表学校从满头银发的李佩教授手中接过沉甸甸的奖章，李佩教授笑意盎然地看着刚刚亲手送出去的奖章，像是为孩子找到了最好的归宿一样心满意足。

李佩向中国科学技术大学捐赠"两弹一星"功勋奖章

"两弹一星"功勋奖章

[①] 郭永怀（1909~1968），山东荣成人，著名力学家，中国科学技术大学创建者之一，化学物理系首任系主任。

这枚熠熠生辉的勋章凝聚了郭永怀终身的报国情怀，在中国科学技术大学校史馆经年累月接受数以万计后学者的观瞻，它就像火炬一样照亮了莘莘学子的未来，它的故事激励了一代又一代青年学子潜心向学、发奋图强、科教报国。郭永怀的一生是报效国家和民族的一生，下面我们来看看郭永怀的几个人生片段，感受一下他的报国情怀。

1939年春，中英庚子赔款基金会留学委员会举行了第七届留学生招生考试，3000多人考试，只招收20人，其中力学专业只招1人。郭永怀、钱伟长[①]、林家翘[②]竟然以5门课350分的优异成绩并列第一，3人同时被录取。

郭永怀在"俄国皇后号"邮轮上

---

① 钱伟长（1912~2010），江苏无锡人，著名力学家、教育家，中国科学院院士。
② 林家翘（1916~2013），福建福州人，著名力学和数学家，中国科学院外籍院士。

1939年8月，郭永怀等人经滇越铁路到越南海防转渡香港，当时正值第二次世界大战爆发，英国人拒绝接纳外国留学生，不得已返回昆明。1940年1月，郭永怀和他的伙伴们又满怀希望地在上海集合，目的地是加拿大。然而上船以后，他们发现自己的护照上竟然有日本签证，感受到了列强对中华民族的歧视和深深的民族屈辱。郭永怀和同学们宁折不屈，当即全体下船，返回昆明。直到1940年8月，他们三度集合才终于成行，郭永怀搭乘"俄国皇后号"邮轮前往加拿大，进入多伦多大学学习，开始自己科教救国的生涯。

1946年秋，郭永怀进入康奈尔大学参与创办航空系。刚进康奈尔大学时，郭永怀对校方明言："我来贵校是暂时的，将来在适当的时候会离开。"如此直言不讳，显然没有考虑个人得失，而是把自己的未来交给了苦难深重的祖国。因为心系故国，郭永怀失去了一些参与重要研究项目的机会。富有戏剧性的是，有些空气动力学方面的疑难问题，又需要郭永怀来解决。于是校方拿出一份表格请郭永怀填写，其中有一栏是："如果发生战争，是否愿意为美国服兵役？"郭永怀的回应是一个有力的"不"字。面对自己在科学研究上的机遇和对于祖国的忠诚，郭永怀毫不犹豫地选择了后者。

1950年，朝鲜战争爆发，中美交恶。此时的郭永怀已经功成名就，在美国学术界享有盛誉，在康奈尔大学的生活条件极其优越，但他回国报效的心情却更加迫切了。不久，郭永怀的行动自由受到了限制，就连英国人邀请他去讲学，美国政府也不同意。更有甚者，美国当局为了阻挠郭永怀回国，寻找借口将他的妻子李佩传讯达1年之久。1955年，美国当局对中国留学人员进行摸底调查，"中国是我的祖国，我想走的时候就要走"，这是郭永怀在调查表格上的响亮回答！

为了尽快回到祖国，郭永怀请律师与美国移民局交涉，据理力争，积极争取回国。迫于国内外舆论的压力，美国政府不得不给郭永怀放行。回国之前，为避美国政府以"携带敏感资料"为由阻挠他回国，郭永怀在康奈尔大学航空系为他举行的送别野餐会上当众烧掉了自己的手稿和科研资料，不惜一切代价离美还乡。夫人李佩劝阻他不要如此，希望能将这些资料带回祖国，发挥更大作用。望着随风飘舞的余烬，郭永怀何尝不心痛，烧掉的那可是自己的心血啊！但他淡淡回应："省得找麻烦，反正这些东西都在我脑子里了！"

郭永怀（右二）在康奈尔大学航空系为他举行的送别野餐会上

1956年9月，郭永怀一家三口搭乘"克里夫兰总统号"轮船离开美国，踏上归途。周恩来总理在中南海会见郭永怀时问他有什么要求，郭永怀回答："我想尽快投入工作。"曾经有人对郭永怀放弃美国优越的科研和生活条件回到中国感到疑惑，郭永怀撰文《我为什么回到祖国——写给还留在美国的同学和朋友们》，给出解答："这几年来，我国在共产党领导下所获的辉煌成就，连我们的敌人，也不能不承认。在这样一个千载难逢的时代，我自认为，我作为一个中国人，有责任回到祖国，和人民一道，共同建设我们美丽的山河。"拳拳报国之心溢于言表，1957年6月7日《光明日报》上刊登的这篇文章诠释了归乡游子对祖国母亲最真切的爱。

郭永怀发表在《光明日报》上的文章

1968年12月4日，郭永怀在青海核武器试验基地，做热核导弹发射前的准备工作，为了核对部分资料，他乘专机飞往北京。次日凌晨，飞机降落时，空难发生了，一颗科学巨星意外陨落。

在辨认遇难者遗体时，工作人员发现，郭永怀和他的警卫员牟方东紧紧地拥抱在一起，装着热核导弹试验资料的公文包夹在他们胸前，安然无损！当周恩来得知郭永怀牺牲的消息时，眼睛顿时湿润，指示立即查明事故原因。老朋友钱学森更是伤感不已，不住叹息："一个全世界知名的优秀力学专家离开了人世。"同年12月，中华人民共和国内务部授予郭永怀烈士称号。

即使跨越了半个世纪，间隔了几代人的价值认知，但是回望那样一个生死攸关的瞬间，我们仍然能深刻感受到郭永怀的报国情怀。生死关头的选择绝大多数源于人类的本能，但郭永怀的最后一抱源于渗透到血液中的报国情怀，捍卫国家未来的信念取代了对于生命终结的恐惧。科教报国终不悔，一片丹心照长空，郭永怀的牺牲体现了他对党和国家的忠诚。如今，郭永怀精神已成为一盏明灯指引着科研道路上的人们一路前行。

郭永怀的烈士证书

◆ 方黑虎 ◆

郭永怀：有一种奉献叫育人

郭永怀深深地懂得，要使我国的科学事业兴旺发达，光有少数老专家是不行的，必须不断地培养成千上万的后继者。因此，他把培养年轻一代的力学工作者视为自己的神圣职责。他常把自己比喻为"一颗铺路石子"，让年轻人从他身上"踩"过去。他为培养下一代无私地贡献了自己的一切。

回国后不久，他就与周培源①、钱学森、钱伟长等一起，规划了全国高等学校力学专业的设置，组织领导了全国三届力学研究班。郭永怀亲自指导的8位研究生中，有3位成为中国科学院院士。

郭永怀在中国科学技术大学授课

1958年春，他和钱学森一起提议：为培养我国未来的航天科研人员，成立星际航行学院。此提议后来经中国科学院报经中央批准后，决定成立涵盖

---

① 周培源（1902~1993），江苏宜兴人，著名流体力学家、教育家和社会活动家。

各重要学科和边缘科学研究的中国科学技术大学。郭永怀担任中国科学技术大学化学物理系主任,为该系的创立出谋划策;同时,他还在近代力学系开课,讲授"边界层理论";他亲自带研究生,培养助手,指导一批青年搞研究工作。他循循善诱,诲人不倦,以渊博的学识和出色的指导艺术,以他的全部热情和关怀,为祖国造就了一大批优秀人才。

1962年夏,郭永怀开始为在中国科学技术大学开讲"边界层理论"紧张备课,同助手们一起编写讲义。他几次放弃休假疗养的机会,坚持与助手们一起紧张地工作,经过几个月的时间,终于编出了《边界层理论讲义》。它篇幅不大,但内容精辟,是郭永怀留给我们的宝贵遗产。由于郭永怀有着丰富的研究工作经验,见解深邃,因此讲课风格也别具一格,使学生们不仅知其然,而且知其所以然,许多学生事隔多年依然对课堂内容记忆犹新。

《边界层理论讲义》一书的封面

郭永怀不苟言笑,但对青年一代总是寄予深情,和蔼可亲。他对于所承担的头绪众多的课题,心里有一本"明细账"。有时,青年研究人员会收到他写来的纸条,上面往往写的是几篇可供参考的文献;有时,他亲自把书籍、文献送到青年研究人员手里;有时,他突然跑来与大家讨论,用他考虑到的一个更好的想法来解答上次提出的问题。对于青年研究人员写的研究报

郭永怀(左二)参加近代力学系教学会议

告,他都会反复推敲,仔细修改。为了业务工作,大家可以随时去叩他的门,而他总会放下手头的工作,与来人热情地讨论。郭永怀就像一个辛勤的园丁,为培养年轻一代的力学工作者付出了巨大的心血。

◆ 摘自李家春、戴世强著的《郭永怀先生小传》,标题、图片为编者所加 ◆

李佩、郭永怀：有一种品质叫无私

2003年9月18日，建校45周年校庆前夕，中国科学技术大学外语教研室离休教授李佩将其先生——中国科学技术大学化学物理系首任系主任郭永怀荣获的"两弹一星"功勋奖章捐赠给中国科大校史馆永久珍藏和展示。

"两弹一星"功勋奖章由三个部分构成。首先是由515克纯金打造而成的奖章本体；其次是作为奖章支撑载体的奖牌，奖牌上方横书"两弹一星功勋奖章"，下方是原子弹爆炸时形成的蘑菇云和欢呼的人群图案，奖章通过金属构件附着在奖牌之上；最后是时任中共中央总书记江泽民签署的"两弹一星"功勋奖章证书。"两弹一星"功勋奖章由中共中央、国务院、中央军委共同授予给那些在共和国"两弹一星"工程中做出突出贡献的科学家，总共只有23枚，每枚奖章，无论从经济价值还是历史意义来说都非同凡响。

对于奖章的价值，李佩教授有自己的理解："老郭的'两弹一星'功勋奖章，我一直想捐出来，到底捐给什么地方有点意义呢？这种奖章无非是起点教育作用，我想力学所已经有了钱学森手稿的原件。国家表彰的两弹元勋中有好多跟科大有关，我不知道他们怎么处理，我想捐给科大比较合适，毕竟这些得奖的人都是当年科大的系主任和教授。"李佩教授的自述朴实无华，在她的眼里大概无论什么东西，只有放对了地方才能发挥它的最大价值。2003年初，李佩对来看望她的中国科学院京区党委副书记周德进提出，要将郭永怀的"两弹一星"功勋奖章捐赠给中国科学技术大学，此时适逢中国科学院党组副书记郭传杰出任中国科学技术大学党委书记。于是，在郭传杰的安排下，该捐赠仪式在中国科学技术大学隆重举行。

这样无私的捐赠令人感动，非常人所能及，但对于李佩、郭永怀夫妇而言，却并非第一次，也绝非最后一次，他们的无私品质在离美归国以来总是给身边的人带来感动。

郭永怀夫妇早年留学美国,1956年,他们放弃在美国康奈尔大学的优越物质条件,响应祖国号召,冲破重重阻力回国。回国后,郭永怀就任中国科学院力学研究所研究员,李佩则就近在中国科学院西郊办公室工作。1965年1月12日,李佩、郭永怀致信中国科学院副院长张劲夫,希望将自己在国外以及回国之后的多年积蓄捐赠给国家,支援国家建设。"本着总理的节衣缩食、勤俭建国的指示,现将早年在国外的一点积蓄和几年前认购的经济建设公债共48460余元奉上,请转给国家。这本是人民的财产,再回到人民手中也是理所当然的。"字里行间流淌的是为了国家可以奉献一切的无私情怀,他们对于自己的要求却是勤俭节约,即使对他们唯一的女儿郭芹也从没有半点娇惯。48460元,在当时可谓一笔巨款,彼时普通人的月工资仅仅几十元,即使身为一级研究员的郭永怀月工资也不过375元。中国科学院力学研究所党委书记杨刚毅找到郭永怀专门就此事与他商议,请他考虑是否全部捐赠,问他家庭生活是否有困难。郭永怀态度非常坚决,要求全部捐赠,表示家庭生活没有任何困难。先生之风,山高水长,虽不能至,心向往之!

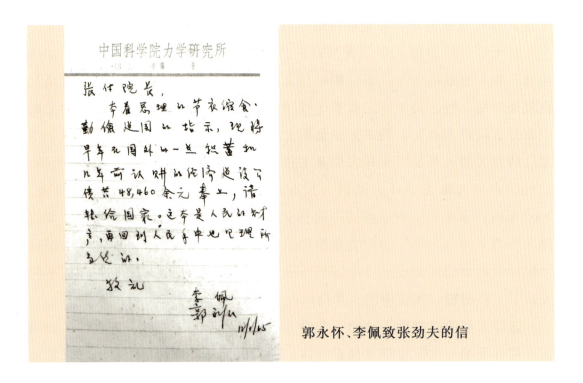

郭永怀、李佩致张劲夫的信

郭永怀去世以后，李佩与女儿相互支撑着走出了悲痛，随后又投入到她热爱的英语教学工作中。随着时间的推移，李佩又有了一些经济上的积累，然而金钱对于她来说并不重要。2007年5月28日下午，89岁高龄的李佩背上她的随身背的花布口袋，走出归国以来一直居住的中关村"科源社区"13号楼，来到中国工商银行海淀支行营业部，将自己的全部积蓄30万元汇到中国科学技术大学，用以补充2003年成立的"郭永怀奖学金"。从填写存单到走出银行，李佩带着她特有的平静，整个汇款过程如她缴纳水电费般的平常、淡定。随行陪同的郁百杨老师看到汇款之后李佩的存折上只剩下几百元。原来4月27日，李佩已经向中国科学院力学研究所"郭永怀奖学金"捐赠30万元。

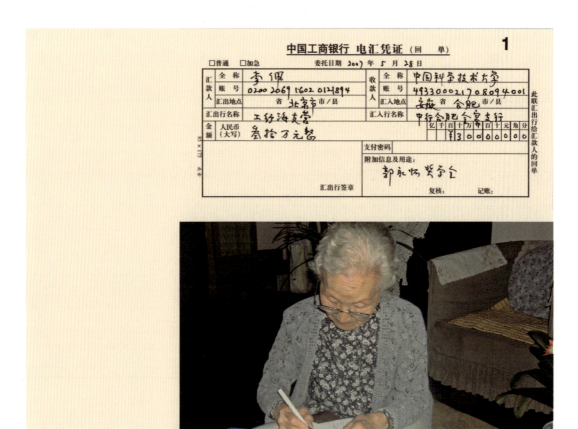

李佩签署捐赠"郭永怀奖学金"协议

到了晚年，李佩仍一直不停地捐赠：她把郭永怀的写字台、书、音乐唱片捐了，把郭永怀早年使用过的纪念印章、精美计算尺、浪琴怀表捐了，把从美国带回的手摇计算机、电风扇、小冰箱捐了，把自己用于教学的英语教案捐了，郭永怀牺牲时留下来的手表、眼镜片也捐给了中国科学院力学研究所，郭永怀生前绝大部分生活用品都捐给了郭永怀的家乡——荣成郭永怀事迹陈列馆。汶川大地震、挽救昆曲、支持智障儿童幼儿园，她都进行了捐赠。她几乎把她所有的一切都捐献出去了，有人说她对待名利的态度，就像居里夫人把最大额的英镑当书签，把诺贝尔奖章给孩子当玩具一样。我想不仅如此，这里应该还包含着李佩对郭永怀的无尽思念，对国家、民族前途和命运的深深关切。

◆ 方黑虎 ◆

李佩:有一种力量叫温暖

2017年1月12日凌晨,中国科学技术大学外语教研室离休教授李佩先生在平静中走完了她99年的生命历程。李佩因其一生曲折而传奇的经历被誉为"中科院的玫瑰""中国最后的贵族"。我们在她身上冠以美丽、典雅、无私、奉献、淡定、从容、坚毅、勇敢等形容词都不为过,但是从李佩老人穿越世纪的生平轨迹来说,也许"温暖"一词更能够诠释这位中华民族女性代表人物的性格,这是一种温柔的力量。

1956年,李佩、郭永怀夫妇携手归国,投入到新中国的建设之中。郭永怀全身心投入到中国科学院力学研究所的研究和领导工作之中,李佩拒绝了中国科学院外事局的重要岗位,从容回到离中关村宿舍更近的中国科学院西郊办公室上班,以便更好地支持郭永怀的工作。李佩的工作岗位很平凡,但她做出了不平凡的工作。那时候,中关村聚集了中国科学院一大批海外归来

20世纪60年代初,李佩在中关村家中待客(右起:郭永怀、李佩及女儿郭芹,汪德昭院士及夫人李惠年)

的学者。这些归国学者在国外生活多年，早已形成了吃西餐的习惯，但当时条件艰苦，整个北京地区也很难买到西式糕点。李佩注意到这一点后积极奔走，到北京市服务事业管理局申请在中关村筹建茶点部。1957年4月，中关村茶点部正式营业，不仅提供各种西点和冷、热饮，还布置了茶座，吸引了众多科学家周末来此小聚，也给这些归国学者们带来了温暖。李佩为人热情活跃，和邻里关系非常融洽，经常会在节假日邀请邻居们到她家小坐，家中时常充满欢声笑语。

1960年，李佩调入中国科学技术大学外语教研室任教，开始了她的英语教学事业。李佩在学生的回忆里是和蔼而又严格的，讲台上的气质非常好，衣着质朴大方但每天都不一样。"我们清楚地记得在课堂提问中，你是如何循循善诱、耐心教导我们的，甚至当被提问的同学本人都为自己回答不好而不耐烦时，你总是平静地用各种方式启发鼓励他，使之最后能够做出较完满的回答。"中国科学技术大学1963级研究生英语甲班全体同学在给李佩的信中对老师的耐心和严格深有体会，他们还记得"你不愿班上有任何人掉队，

中国科学技术大学1963级研究生英语甲班全体同学写给李佩的信

你对几个学习后进的同学进行了定期的个别辅导"。他们回忆了李佩如何认真批改作业，如何细致讲解疑难问题，并从中感受到了李佩老师温暖的力量。他们写道："所有上述这些都会合成一股力量，推动着我们英文学习的改进和提高。"李佩后来回忆：从中关村到玉泉路的中国科学技术大学上课非常不便，要转很多趟车，有时就直接走过去上班。

1966年"文革"开始后，很多科学家受到批判打击，人人自危。李佩和郭永怀依然保持着学者的气度和善良，他们邀请受到打击的林鸿荪①研究员夫妇到自己家居住，李佩甚至还去看望那些被批判的科学家及其家属。这样的举动在当时具有非常大的风险，很容易把自己"牵连"进去。1968年的冬天对于李佩来说是非常严酷的，灾难从天而降，郭永怀为中国的核事业献出了自己的宝贵生命。郭永怀的助手、著名经济学家顾准的女儿顾淑林②回忆：

李佩和外语教研室的老师合影

---

① 林鸿荪（1925~1968），天津人，流体力学家，中国科学院力学研究所研究员。
② 顾淑林（1942~ ）上海人，中国科学院科技政策与管理科学研究所研究员，1965年毕业于中国科学技术大学。

"她极其镇静,大家见到后几乎没说一句话,屋子里的空气像凝固了一样。晚上我陪李先生睡在同一个房间。那一个晚上李先生完全醒着。她躺在床上几乎没有任何动作,偶然发出轻轻的叹息,克制到令人心痛。"李佩没有被悲痛击到,丧礼后继续参加工作,还要接受"造反派"的审查,她平静地接受这一切,只是增添了几丝白发。

1978年,中国科学技术大学研究生院成立,李佩接受严济慈院长的邀请,出任外语教研室主任。当时,外语教研室只有3名刚报到的北大毕业生,面对800多名研究生开设外语课,这几个人远远不够,招募外语教师的工作刻不容缓。李佩慧眼识英才,许多没人敢要的"右派"来到了外语教研室。人民大学原英文教授许孟雄①,被划成"右派"后在中学英文教师补习班上课,被她请来了;北京大学原英文教师黄继忠②被下放到银川,也被她设法调入北京请来了。李佩自己回忆说:"我去科学院信访办找申诉的人,看有没有愿意到科大教英语的。"李佩顶住压力四处奔走,为那些身处逆境的外语教学人才打开了一扇正常生活的大门。他们感受到了温暖的力量,全身心投入研究生院的外语教学工作,研究生院的学子们由此受益终身。

1979年中国政府已经向西方发达国家派遣留学生,但国家财政拿不出大量外汇,出国留学难于上青天。此时,美国出现一个新情况,一些大学开始向研究生提供资助,帮助他们完成学业,同时也推动大学的研究工作突飞猛进。当时中国学生对这些情况还一无所知,如果所有希望留学的学子都必须挤上政府资助这一条狭窄通道,其难度可想而知,成功留学的可能性微乎其微。受邀来到中国科学技术大学研究生院任教的外籍教师Mary小姐向李佩介绍了美国的新情况,提出向学生公开介绍美国大学招收研究生的办法,鼓励大家去争取美国的奖学金。李佩从中看到了大批优秀学子成功留学的希望,立即向研究生院副院长彭平请示,鼓励学生自费出国留学。在研究生院的默许下,李佩向同学们积极宣传自费出国留学的政策。不到一年,近百名同学

---

① 许孟雄(1903~1994)福建福州人,著名翻译家,曾任教于中国人民大学、中国科学技术大学研究生院。
② 黄继忠(1923~2001)江西吉安人,翻译家,曾任教于北京大学、中国科学技术大学研究生院。

从美国各个大学获得了奖学金，漂洋过海留学美国，开启了当代中国的自费留学潮。

1996年，78岁的李佩再次承受了巨大的悲痛，女儿郭芹因病医治无效离她而去。李佩依然保持了她以往的平静，几天之后提着录音机出现在研究生院的讲台之上，继续她的英语教学工作。校园里，李佩孤单柔弱的身影里迸发出来的力量愈发使人敬佩。

1998年，李佩虽离开了教学岗位，却没有放慢她投身社会的脚步。她创办并主持每周一次的"中关村专家讲坛"，到2011年总共办了600多场。其内容涵盖时世政治、古代文学、文化艺术、科普、健康、社会科学与法律等众多领域。前来演讲的有黄祖洽①、杨乐、厉以宁②、甘子钊③、饶毅④等各个

李佩主持"中关村专家讲坛"

---

① 黄祖洽（1924~2014），湖南长沙人，著名物理学家，"两弹一星"功勋奖章获得者。
② 厉以宁（1930~　），江苏仪征人，著名经济学家，北京大学教授。
③ 甘子钊（1938~　），广东信宜人，物理学家，中国科学院院士，北京大学教授。
④ 饶毅（1964~　），江西南城人，生物学家，北京大学教授。

领域的名家。这些高质量的讲座不仅丰富了中关村退休老人的生活，很多年轻人也慕名而来。94岁时，李佩实在忙不动了，关闭了大型论坛，但在中国科学院力学研究所又开启了一个小型研讨会，每周三下午和一群80岁以上的老人在一起谈天说地。李佩的温暖感染了她身边的每一个人，她的身上满满的都是正能量。然而，李佩自己说："我的理想就是希望自己注意健康，过好每一天的生活，尽可能为大家多做一点事。我没有崇高的理想，太高的理想我做不到，我只能帮助周围的朋友们，让他们生活得更好一些。"

◆ 方黑虎 ◆

赵忠尧[①]：诺贝尔奖的遗憾

1992年5月，适逢我国著名物理学家、中国科学技术大学原子核物理和原子核工程系首任系主任赵忠尧院士90寿辰，中国科学院院士、中国科学技术大学教授钱临照写下一份贺帖，遥祝赵忠尧先生福寿绵长。这份贺帖的载体是一份A4纸见方的大红稿纸，纸面朴实无华，颇似中国人过春节时书写对联的红纸，由于图像处理的缘故，呈现在读者眼前的贺帖仅保留了其主体内容。

钱临照致赵忠尧90寿辰的贺帖

钱临照是我国著名的物理学家，1955年当选中国科学院学部委员，1958年后长期任职于中国科学技术大学。赵忠尧、钱临照两人曾先后受教于著名

[①] 赵忠尧（1902~1998），浙江诸暨人，著名核物理学家，中国科学技术大学创建者之一，原子核物理和原子核工程系首任系主任。

物理学家胡刚复[①]，此时又同时执教于中国科学技术大学。两人有同门同校之谊，在物理学领域内既自成一家，又相互欣赏，长期以来保持着非常好的私交及工作情谊。

赵忠尧在中国科学技术大学授课

钱临照的祝寿贺贴主要内容仅寥寥十字："寿过普朗克、学启安德森"。对于"寿过普朗克"，钱临照在括号中加以注释："M. Planck得寿八十九"，这是说德国著名物理学家、量子力学的奠基人之一，马克斯·普朗克（Max Planck）享年八十九岁。钱临照以寿过普朗克为贺，表示对赵忠尧的敬重。下一句"学启安德森"并注"C. D. Anderson之发现正电子实由赵先生之硬γ射线吸收所启发"则是对赵忠尧学术造诣的准确评价，既表达了他对赵忠尧科学成就的推崇之情，同时也隐含着对于历史偶然性的深深遗憾。

说起科学史上的这桩"公案"，让我们把目光拉回到20世纪30年代。

---

① 胡刚复（1892~1966），江苏无锡人，物理学家、教育家，曾任南京大学教授、物理系主任。

1927年，赵忠尧远渡重洋来到美国加州理工学院，师从诺贝尔物理学奖得主密立根教授。密立根交给赵忠尧的第一个题目是利用干涉仪做一个光学实验，但赵忠尧提出换一个难一些的题目。经过一段时间的思考，密立根决定让这位中国学生做"硬γ射线通过物质时的吸收系数"测量题目，并说："这个题目你考虑一下。"不料赵忠尧仍嫌这个实验简单，于是老实回答："好，我考虑一下。"密立根一听这话当场就火了："这个题目很有意思，相当重要。我看了你的成绩，觉得你做还比较合适，你要是不做，告诉我就是了，不必再考虑。"赵忠尧这才表示愿意接受这个题目。师生两人谁都没有料到，正是这个勉强接受的题目，把赵忠尧推到了一个伟大发现的门口，并无限接近诺贝尔物理学奖。

经过一年多时间的实验研究，赵忠尧发现了很奇特的物理现象：硬γ射线通过轻、重元素时的吸收系数不一致。虽然暂时没有找到原因，但赵忠尧意识到这是一种新的物理现象，于是把实验成果写成论文，并发表在1930年5月的《美国国家科学院院报》上。事情还没有结束，当机遇之门打开的时候，赵忠尧孜孜以求，在科学发现的道路上继续前进。时隔不久，他在新的实验中首次发现，伴随着硬γ射线在重元素物质中的反常吸收，还存在着一种特殊辐射，并且测出这种特殊辐射的能量为0.5兆伏，大约等于一个电子的质量，辐射角的分布大致为各相同性。这时，赵忠尧其实已经打开了正电子发现的大门，他测量到的特殊辐射来自正电子。如果把已经发现的负电子称为物质的话，赵忠尧则是在世界物理学史上第一个发现反物质的物理学家。

赵忠尧的实验结果震动了当时的实验物理学界，很多科学家走上了寻找正电子的科学征程，其中也包括与赵忠尧同为密立根研究生的安德森。1932年9月，安德森采用与赵忠尧不同的仪器，在有磁场的云雾室中观测到了正电子的径迹，并以此成果于1936年获得了诺贝尔物理学奖。安德森的发现是建立在赵忠尧工作的基础上的，这一点连安德森自己也不否认，他在1983年出版的一本著作中公开承认，他的实验受到了赵忠尧实验结果的直接启发。几个月后，布莱克特与奥恰里尼又发现了更多的正电子，并对正负电子对产生与湮灭的机制做出了合理的解释（布莱克特由此获得1948年的诺贝尔物理学奖）。然而，这两位著名科学家在自己的论文中引述赵忠尧的工作时发生了不应有的错误，他们竟然把赵忠尧1930年发表的重要成果注释成另外两名科学家的论文，混淆了当时物理学界的视听。另据时任诺贝尔物理委员会主席爱克斯朋教授回忆，1936年那次评审也曾议论到赵忠尧博士在这项重大发现中所做的工作，但是，当时德国著名科学家迈特纳等两组学者进行类似实验时未获得赵忠尧所发现的结果，因而评审会对赵忠尧实验研究结果的科学可靠性产生了疑问。由于诸多历史偶然因素组合到一起，诺贝尔物理学奖与赵忠尧擦肩而过，成为赵忠尧的遗憾，也成为包括钱临照在内的中国物理学界的遗憾。

赵忠尧先生一九三〇年所發表的两个工作是最早关於正电子的工作。是十分了不起的实驗。

杨振宁 九九年十月

杨振宁对赵忠尧的评价

　　无缘诺贝尔奖的遗憾是无法弥补的，但是物理学界并没有忘记赵忠尧的历史贡献，诺贝尔物理学奖获得者安德森、杨振宁、李政道等都十分认可赵忠尧在正电子发现过程中所起到的重要作用。1999年，中国科学技术大学建设"赵忠尧教授纪念馆"，杨振宁感于赵忠尧的科学成就，欣然为之题词："赵忠尧先生一九三〇年所发表的两个工作是最早关于正电子的工作。是十分了不起的实验"。

◆ 方黑虎 ◆

赵忠尧：建设中国第一台质子静电加速器

著名物理学家赵忠尧是中国科学技术大学原子核科学和原子核工程系首任系主任，他主持建造的我国第一台质子静电加速器至今仍静静地矗立在中国科学技术大学校史馆内，向所有来访者无声地展示着以赵忠尧为代表的老一辈科学家的家国情怀。

20世纪60年代，中国科学技术大学师生在教学中使用赵忠尧捐赠的加速器

1946年7月1日，美国在太平洋比基尼岛进行了世界和平时期的第一次原子弹试验，事先邀请作为盟国的中国代表赴美参观原子弹爆炸情况。中央研究院总干事萨本栋①找到赵忠尧，商定由赵忠尧作为中国科学家代表参观美国在太平洋进行的原子弹爆炸实验，并委托赵忠尧利用去美国之便，想方设法在美国采购一批研究器材运回国内，建设我国自己的质子静电加速器，发展我国的核物理事业。赵忠尧身怀中国核物理学发展的使命来到太平洋马绍尔群岛北端的比基尼岛。他目睹了原子弹爆炸的惊人威力——大约有80艘废置军舰，包括航空母舰组成的舰队大部分都沉入海底。赵忠尧深切地感受到，要彻底结束中华民族被列强欺辱的历史，就必须掌握原子这把"核科学的利剑"。而质子静电加速器作为当时世界领先的实验设备，是中国原子核物理事业迈出第一步必不可少的基石。当时，在美国买一台加速器起码需40万美元，然而中央研究院副院长吴有训寄来的购置费用只有12万美元，数额相差甚远。而且即使经费充裕，购买整台加速器也不现实，因为加速器在当时的美国属于高科技装置，被限制出口。于是，赵忠尧"曲线救国"，在此后几年里，他通过关系采购一些加速器部件，并在麻省理工学院学习静电加速器发电及加速管的制造技术，利用在美国学到的技术将买来的原材料加工

赵忠尧（前排左一）在比基尼岛海域观摩原子弹爆炸期间合影

---

① 萨本栋（1902~1949），福建闽侯人，物理学家、教育家，曾任中央研究院总干事。

成一些国内无法制造的关键零部件。同时他利用业余时间协助别人搞科学研究，与几个物理实验室签订"换工协议"，以此换取有关加速器的技术资料和零部件。

1949年秋，中华人民共和国成立。赵忠尧看到了中华民族崛起的希望，决心将自己几年来收集到的加速器零部件运回祖国大陆，尽快建立起中国的核科学体系。赵忠尧为了躲开美国联邦调查局和海关的严密检查，亲手将这批器材分别装入30多个箱子，与购买的教学设备混在一起，存入美国一家国际运输公司，并陆续运回祖国大陆。随着时间的推移，赵忠尧本人的回国却遇到了难以想象的困难，1950年初，中美之间的直接通航完全中断了，取道香港也很难得到英国签证。直到1950年8月，赵忠尧才侥幸获得一份过境香港的签证，登上了开往香港的"威尔逊总统号"客轮。客轮尚未启动，联邦调查局的特工就到了，他们从赵忠尧的行李箱中搜出了一些核物理书籍和杂志，宣布这些书籍因违反美国出口法而予以扣留。赵忠尧为失去那些宝贵的书籍而遗憾，同时心中也暗暗庆幸，自己费尽心血筹集的加速器部件已经提前回国。

9月12日，威尔逊总统号停靠在日本横滨海岸，赵忠尧做梦也没有想到在这里等着他的竟是铁窗生涯，他因"间谍嫌疑"被驻日美军扣押在日本巢鸭监狱。赵忠尧在日本遭到扣押的消息传出以后，在国际舆论界引起强烈反应。他的老朋友、身在台湾的傅斯年①发来急电："望兄来台共事，以防不测。"时穷节乃现，此时，赵忠尧如果以脱身为第一选择，必然接受傅斯年的邀请前往台湾，但台湾终究不是他的归宿，于是直言谢绝老朋友："我回大陆之意已定。"1950年11月28日，在世界科学组织和中国政府的营救下，赵忠尧劫后归来，终于踏上祖国的土地。回到南京，赵忠尧并没有直接回家，而是脱下西装，穿上长袍，与家人在鸡鸣寺前合影，表达了自己一心归国的赤子之心。

回国后，赵忠尧立即投入到建设新中国核物理事业的工作中。他带领年轻的助手，建成了我国第一个比较完备的核物理实验室。1955年，他利用从

---

① 傅斯年（1896~1950），山东聊城人，著名历史学家，教育家，五四运动学生领袖之一，曾任台湾大学校长。

赵忠尧和家人在南京鸡鸣寺前合影

美国带回来的器材，主持建成了我国第一台70万电子伏质子静电加速器。1958年，赵忠尧主持创建中国科学技术大学原子核科学和原子核工程系，精心挑选师资，具体落实课程设置、教学大纲和专业教材，亲自编写课程讲义并讲授"原子核反应"课程，着手培养新一代原子核物理学者。20世纪60年代初，在主持建成了新的质子静电加速器之后，赵忠尧将第一台加速器捐赠给中国科学技术大学，将其作为核物理专业的教学用具，用于实验和人才培养，这为我国原子核物理人才的培养发挥了重要作用。

◆ 方黑虎 ◆

赵九章：倡建中国第一所研究生院

赵九章（1907~1968），浙江吴兴人，我国著名地球物理学家，曾任中国科学院地球物理所所长，1958年任中国科学技术大学应用地球物理系首任系主任。他在中国首先提出创建研究生院的想法并得以在中国科学技术大学实施，为我国高等教育发展开辟了一块实验田。

1955年，中国科学院开始招收研究生，但其研究生培养工作均在中国科学院各个研究所完成，缺乏统一的培养大纲，存在着基础课教学质量参差不齐等问题。赵九章早年留学德国，获得柏林大学博士学位，对于欧美国家的人才培养体系较为熟悉，在培养中国科学院地球物理研究所研究生的过程中注意到这些问题，出于对培养国家未来科技人才的使命感，萌生了创建中国第一所研究生院的想法。

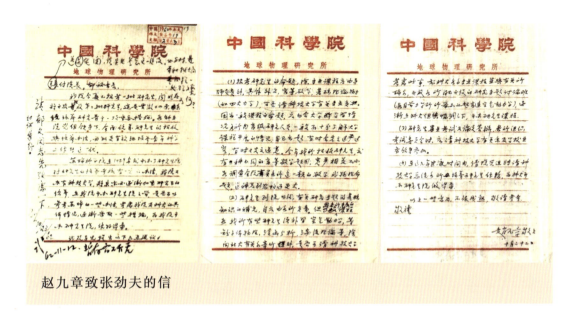

赵九章致张劲夫的信

1962年10月12日，赵九章上书中国科学院党组书记张劲夫、副秘书长郁文，建议为了全面统筹中国科学院研究生的招收与培养，更有效地培养青年科学工作者，应该安排中国科学技术大学组织协调中国科学院研究生培养工作，总结各研究所培养研究生经验，为中国科学技术大学开办研究生院作准备。赵九章为筹办研究生院深思熟虑，积极建言："我院又办有科技大学，将来亦必逐渐加重研究生的培养，在我院开办研究生院之前，是否可以参考苏联的一些办法，考虑我院及科大的具体情况，逐渐采取一些措施，为我院开办研究生院，做好准备。"随后，他针对研究生入学及培养过程中的环节逐一提出实施方案。关于研究生入学考试命题，他考虑到中国科学院各研究所的科学家不熟悉大学的课程情况，他们命题的基础课程试卷难易程度悬殊，不利于人才的选拔，可以考虑"除专业课程应由导师负责外，其余外文、高等数学、基础理论物理，请科技大学有关专业负担"；关于课程讲授，他认为："有关研究专题的基础知识的补充自应由各所负责，但非本所专长的，如我所有些研究生须补习空气动力学、等离子体物理、泛函分析、湍流理论等，除向北大有关系旁听外，是否可请科技大学考虑此事，就科大各系专业课程并与有关所联系，开放各所自己开设的研究专题讨论班（如目前力学所主办的超音速空气动力学），逐渐在科大组织协调之下，开办研究生课程。"关于毕业考试及论文答辩，他建议："研究生毕业考试及论文答辩，各所组织考试委员会时，应请科技大学有关系及学校业务领导参加。"

张劲夫收信后，深感此事意义重大，立即批示："送吴老阅，请吴老考虑这一建议，必要时，和科大商量后提一处理方案如何？"张劲夫所指"吴老"即时任中国科学院副院长吴有训。10月23日，吴有训批示："请郁文同志先考虑一下如何进行"。郁文时任中国科学院副秘书长兼任中国科学技术大学党委书记，他将此事交给中国科学技术大学副校长武汝扬具体承办，中国科学技术大学研究生院的筹办工作进入了中国科学院和中国科学技术大学领导的视野。

1963年5月31日，赵九章偶然看到美国《1962~1971气象及空间物理规划》，其中详细介绍了美国在这十年内如何培养高级科学研究人员，他感受到中国科学院培养高级科学研究人才的紧迫性，研究生院的创办必须加快脚

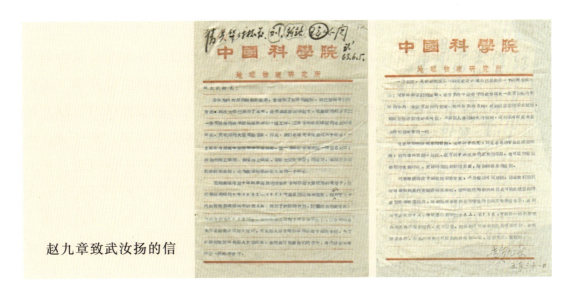

赵九章致武汝扬的信

步,再次致信中国科学技术大学副校长武汝扬,慷慨陈词:"科大已经开办了5年,教学基础亦逐渐建立,我校的特点有二:一是有较多的科学家从事科研第一线工作,二是各所都是国家的重点研究单位,有较好的大型实验设备。因此,我们必须充分发挥这两个特点,一方面在今后高年级教学中予以体现,另一方面应参考美国一些著名大学(如加州理工学院、麻省理工学院、普林斯顿大学等)的情况,逐渐把重点放在研究生院,让研究生院成为我国培养研究人员的一个中心。"从这里我们可以看出,与前一封信相比,对于研究生院的创办,赵九章有了更为成熟的考虑,主要参考对象由苏联科学院转向美国著名大学。这是赵九章思虑再三之后做出的选择,在当年的政治环境里,实现这样大的转变,既需要过人的眼光,更需要敢于担当的勇气。同时,他也考虑中国科学技术大学初创不久,实际办学困难较大,提出"但是考虑到成立研究生院事关重大,不是短期可以解决的,因此我们建议在地球物理系内先试办研究生班,请学校代为解决外语及有关基础课程的旁听等问题,地球物理所解决某些专业的课程和专题报告等。由所系共同负责试办,取得经验,对将来成立研究生院会有帮助"。

6月5日,武汝扬提出了处理意见,请中国科学技术大学党委书记刘达、副校长华罗庚、严济慈共同考虑此事。刘达认为:"赵九章同志的意见很好,值得我们重视,研究生院的考虑尤为必要。"至此,创办研究生院提上了中国科学技术大学的议事日程。

1964年2月，中国科学技术大学召开党委扩大会议，决定在北京中关村代中国科学院开办研究生院。9月，中国科学技术大学研究生院开学，承担中国科学院京区各所研究生的哲学、外语和其他公共基础课的学习。赵九章的女儿赵理曾[①]在笔者的访谈中介绍："1964年成立研究生院了，地址就在中关村，按照学部分成四个班，三班是地学部各所的学生。我是1964级三班的研究生，是研究生院的第一批学生。"至此，中国科学技术大学研究生院实际上已经初步建立起来了，不过因为没有正式发文公布，再加上受随后而来的"文革"的影响，研究生院建设计划被迫搁浅。但这几年的工作为1978年中国科学技术大学创办中国第一所研究生院奠定了基础。

◆ 方黑虎 ◆

---

① 赵理曾（1941~　），赵九章之女，中国科学院物理研究所研究员，1964年毕业于中国科学技术大学地球物理系。

赵九章：言传身教薪火传

1958年9月，中国科学院在北京创建中国科学技术大学。秉持"全院办校、所系结合"的办学方针，赵九章担任所长的中国科学院地球物理系主持建立了中国科学技术大学应用地球物理系。为了培育高质量科技人才，赵九章请来中国科学院的各路名师登上中国科学技术大学的讲坛，为应用地球物理系的同学们传道、授业、解惑。严济慈院士讲授"电磁学"和"电动力学"，陈芳允[①]院士讲授"无线电"；钱临照院士讲授"光学"；顾震潮[②]院士

赵九章主持编写的《高空大气物理学》课程讲义

---

① 陈芳允(1916~2000)，浙江台州人，无线电电子学家，"两弹一星"功勋奖章获得者，中国科学院院士，长期任教于中国科学技术大学。

任气象教研室主任，傅承义①院士任地震教研室主任，秦馨菱②院士任遥测遥控教研室主任，阵容强大。

赵九章自己也登上讲台，给同学们讲授"高空大气物理学"课程中的大气振荡和潮汐两个部分。没有现成的教材，他自己编写讲义。虽然他讲课的时间比较短，每年只讲几个星期，但是他讲课能够透过现象说到本质，给同学们留下了很深的印象。而且，他主持的"高空大气物理"课程是由许多老师共同讲的，不同的老师轮流来讲，比如一个老师讲流星，一个老师讲海啸，一个老师讲磁暴，每个老师都讲当时自己在做的课题，一下子把学生带到科研的最前沿。

赵九章对于教学工作有自己独到的心得。在笔者的访谈中，中国科学院空间中心研究员徐荣栏回忆："有一次，赵九章去外地参加一个重要会议，将原来准备自己讲授的那部分空间物理课的重担交给我，我当时有些犹豫，怕教书耽误科研，他就很严肃和形象地对我说：'研究所的人的知识如同鸡爪子，在几个领域有很深的知识，但在几个领域之间往往很难连贯起来。通过讲课可以使你的鸡爪子变成鸭掌'。"最后，徐荣栏愉快地接受了授课任务，为中国科学技术大学地球物理系同学连续讲了三年课。

赵九章在组织教学过程中发现数学物理基础和无线电技术对应用地球物理系的学生非常重要，要求学生必须学深学透。1959年全国教改，应用地球物理系同学的物理课程减少，难度下降。学完之后，赵九章认为学生们的学习效果不好，不能达到预期目标，让这些学生在大学四年级的时候"返工"，跟着物理系同学学习严济慈讲授的电动力学课程，夯实了这些学生的物理基础。赵九章的一番苦心，使得应用地球物理系的学生具备非常强的创造能力，有些学生甚至在大学毕业阶段就发表了专业水平相当高的研究论文。在中国科学技术大学校史馆里珍藏着一份档案：赵九章对应用地球物理系1963届毕业生周国成毕业论文的评审意见。

---

① 傅承义（1909~2000），福建闽侯人，著名地球物理学家，中国科学院院士，长期任教于中国科学技术大学，1978年任中国科学技术大学地球和空间科学系系主任。
② 秦馨菱（1915~2003），山东安丘人，地球物理学家，中国科学院院士，长期任教于中国科学技术大学。

周国成是应用地球物理系的首届毕业生，大学四年级的时候，分配到中国科学院地球物理研究所做毕业设计（毕业论文），在赵九章的亲自指导下，开始了自己的科学研究生涯。经过大半年的努力，在大量科学实验和查阅文献的基础上，周国成完成了自己的毕业论文，并将之呈上了赵九章的案头。赵九章仔细阅读之后写道："这篇论文有内容，结果也比较有创造性，特别是用禁区来研究带电粒子在环境中的运动，并用模拟实验把它表现出来，是有学术价值的，可以在学报上发表。""这次在波兰开会，曾将此文的实验结果与美国科学家Singer讨论，他亦认为很有意义。"肯定了论文的科学价值，同时也提出了要求："原文不够简洁，发表时必须加以缩减。"他建议周国成和一起参与工作的地球物理研究所助理研究员徐荣栏缩减篇幅后早日用英文发表在学报上，防止被国外同行捷足先登。不久，这篇《磁场中带电粒子的区域及其模型实验》就以英文形式发表在《地球物理学报》上。

赵九章给予周国成同学毕业论文的鉴定意见

1964年春节，赵九章在和严济慈的闲聊中得知，空间物理专业有一位学生很有发展潜力，回校后便深入了解该学生的情况，通知系里将其毕业设计安排到自己这组进行，以便进一步考察这位学生开展研究工作的素质。在指导该生做毕业论文期间，他发现该生有很好的数理基础，能刻苦钻研，而且还通过扎实的工作发现了国际地球物理学会主席、国际著名地球物理学家查普曼教授文章中的一些错误，从而使其原来的论点更加完整。于是，赵九章将他作为"种子选手"录取为自己的研究生，纳入到他的研究集体——磁暴组中。这位同学就是后来长期担任中国科学技术大学地球和空间科学系主任的胡友秋教授。

赵九章不仅注意培养学生，对青年教师的要求也很高。1962年，青年王水从南京大学来到中国科学技术大学应用地球物理系任助教。当时，赵九章正在组织编写《高空大气物理学》教材，要求王水参加高空大气结构部分的编写工作。有一次，王水找到一篇德文资料，由于没有学习过德文，在这篇文献面前一筹莫展，于是就向赵九章倾诉了自己的难处。赵九章严肃地对他说："你能看懂俄文，又能看懂英文，应当可以阅读德文文献，回去翻译出来给我。"王水回去后对照字典翻译出了中文稿，有些地方词不达意，赵九章亲自帮他作了修改并鼓励王水多学几门外语。正是由于赵九章的耳提面命，王水很快成长起来，后来在空间科学领域做出了优异成绩并当选为中国科学院院士。

◆ 方黑虎 ◆

钱临照：月是故乡明

钱临照先生是著名物理学家，中国金属晶体范性形变和晶体缺陷研究以及物理学史研究的奠基人之一。他长期在中国科学技术大学从事教育、行政工作，亲自为学生讲授"普通物理""光学"等课程，1978~1984年担任中国科学技术大学副校长，为学校的发展做出了重要贡献。

钱临照课后为学生答疑

钱临照长期关心留学海外的中国科学技术大学的学子，与他们保持书信联系，并不时给予鼓励，寄托希望。在他去世后，很多中青年骨干教师不约而同地撰文，讲述了他们在国外时，钱临照每每去信都会向他们介绍国内校内的情况，关心他们在国外的工作和生活，并加盖上"月是故乡明"的印章赠与他们，表达殷切期待之情，从而坚定了他们学成归来报效祖国的信念。

钱临照"月是故乡明"的印章

钱临照先生坚守"月是故乡明"的报国理想，不仅对中国科学技术大学的青年学子影响颇深，他本人更是科教报国、身教言传的典范。

1934年，钱临照考取中英庚款赴英留学生，到伦敦大学学院的Foster物理实验室，师从英国皇家学会会员、葡萄牙裔物理学家E. N. da C. Andrade进行实验物理研究。他完成的第一项工作是对水晶圆柱体扭电现象的进一步深入研究，并得到一个新结果：中空水晶圆柱体在扭力作用下会产生体电荷，这是他在北平研究院物理所工作的继续。导师Andrade通过这一项工作看到了钱临照的研究能力，给了他一个颇具挑战性的流体力学谜题：一个横向浸没在水槽里的水柱，在水压不高时，流出的是平稳的层流；而当室内有喇叭发声时，不知为何，层流马上变为湍流。钱临照再次成功给出答案：提供水压的水瓶挂在木架上，喇叭声造成支架振动，并通过瓶子和水管传递给水注，从而引发了湍流。后来，钱临照对金属强度问题产生了浓厚的兴趣。早在20世纪初，物理学家就从理论上推算出了金属的断裂强度，但比实际强度要大几百倍。钱临照想探寻其中的规律，但这项研究并未得到导师Andrade的支持。钱临照试图从范性形变入手，进而研究固体的力学强度。通过实验，钱临照以及另一位中国留学生周如松令人信服地证实了体心立方晶体滑移面选取的温度效应。后来，Andrade根据他们的实验结果总结出体心立方晶体滑移面选取的实验规律。

1937年春,Andrade告诉钱临照,可将水晶扭电、流体力学和立方晶体的范性形变三项工作总结起来,作为博士论文。但钱临照婉言谢绝了导师的安排,其中缘由如他多年后在自传中所述:"和我同在这一实验室的有位印度学生,他比我早来,工作很好,三年期满,他自动提出申请答辩,不知何故被教授拒绝了。印度同学受此打击,以至伏在实验桌上哭泣。我认为这是欺侮殖民地人(那时英国人对殖民地人在有意无意中有此意识),那时我即意识到我国也处于半殖民地地位。此事触动了我的自尊心,我暗下决心,不拿殖民者的学位。""七七事变"后,钱临照接到严济慈从法国打给他的电话,毅然中断研究工作,立即启程返国,投身抗战,与祖国人民共存亡。抗战期间,钱临照制成数百台包括有油浸物镜的高倍显微镜和供测量用的水平仪,分送抗日后方教学、医学和工程建设单位使用。

1978年,年逾古稀的钱临照担任中国科学技术大学的副校长,当时,中国科学技术大学率先选拔业务精专的青年教师赴欧美进修,资助部分品学兼优的学生出国深造,他们学成返校后成为教学科研的中坚力量。

◆ 丁兆君 ◆

钱临照：请将我送回中国科学技术大学

钱临照于1960年正式调入中国科学技术大学后，除学术职务外，他还担任了一系列的行政职务。1961年9月9日，在第一次校务委员会全体会议上，他就被选为常委会委员。1978年11月20日，经中共中央批准，钱临照担任中国科学技术大学副校长，直至1984年届满离任。几十余年中，他与中国科学技术大学休戚与共，为学校的发展做出了重要的贡献。

1970年，在中央"高校战备疏散"方针的指导下，中国科学技术大学迁址合肥。钱临照亦随校下迁，于3月12日到达合肥的新校址。随后不久，他便将户口迁至合肥。与建校初期大师云集的状况有所不同的是，南迁后的师资人员、设备流失过半，全校讲师以上职称的教师不足百人。原在中国科学技术大学兼职的严济慈、吴有训、赵忠尧、华罗庚、钱学森、赵九章、贝时璋、马大猷、柳大纲等著名科学家由于工作关系或年事已高等原因，长期由北京亲赴合肥到中国科学技术大学登台授课已不可能，"所系结合"在这一时期基本上已名存实亡。而随校下迁的钱临照则独树一帜，作为全校仅有的两名学部委员之一，他在为中国科学技术大学谋求各方支持、组织教师队伍、规划学科发展等方面发挥了重要的作用，真正成为中国科学技术大学的一面大旗。

1978年，中国科学技术大学首创少年班，钱临照对其给予了极大的关注。1981年，学校成立少年班研究组，他又亲任组长。自此，他在少年班办学形式、培养方式的研究与探索上投入了较大的精力，大力支持少年班的发展。1985年春，钱临照在接见了一个外国教授代表团后感叹："我是中国科学技术大学的校长，经常代表科大接见外宾。他们都是三四十来岁，是我的孙子辈的教授，我们有十亿人口，却只有两鬓斑白的人才能当教授，为什么不能培养三四十岁的教授呢?"他把希望寄托在少年班。年近八旬,他还亲自为少年班主讲"物理学导论"。在其带动下,中国科学技术大学的不少名师先后走上这门课的讲台,使这门课成为少年班最受欢迎的课程。

钱临照(前排左五)、方毅(前排左六)、严济慈(前排左七)等与少年班学生在一起

1983年4月8日,当时的国家计划委员会正式批准在合肥建立国家同步辐射实验室,这是我国第一个国家级实验室。钱临照对实验室的建设与发展给予了极大的关心和支持。由于实验室建设初期经费投入不足及其他主客观原因,几年之后,其光源设备及技术渐显陈旧,故障率偏高。而且随着用户日益增多,实验室的6个线站已不能满足需要。因而增加光束线站,改进和提高光源性能,保证实验室长期可靠稳定运行势在必行。1994年2月,由钱临照、唐孝威两位院士发起,王淦昌、谢希德、谢家麟、冯端、卢嘉锡等34位院士联合向有关部门提出《关于集中力量全面建设、充分利用合肥国家同步辐射光源的建议》。经过论证,他们的建议得到了国家有关部门的支持。1996年,同步辐射实验室二期工程作为"九五"首批国家重大科学工程项目正式启动,并于2004年底通过了国家验收。

(5) 原子、分子物理与分子动力学研究。

(6) 光磁共振，X射线磁性散射，软X射线全息显微术，光热光谱和光声光谱等同步辐射实验新技术的研究。

3. 建成世界一流水平的我国同步辐射应用中心

以中国科学技术大学国家同步辐射实验室为依托，联合北京正负电子对撞机国家实验室和中国科学技术大学多学科的综合研究力量以及华东地区乃至全国有关同步辐射应用研究队伍，用5到10年时间在合肥建成我国国家级大型同步辐射研究中心，使我国在同步辐射应用研究这一基础科学的前沿和有关高技术领域跻身于世界先进行列。

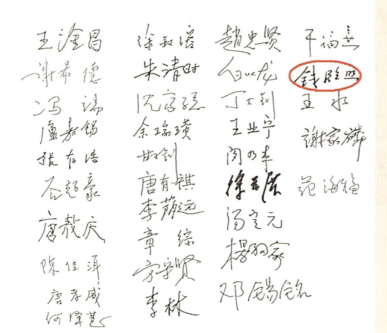

34位院士联合签署的建议书（部分）

40余年中，钱临照为中国科学技术大学的教学、科研、学科建设、行政管理等诸多方面工作建言献策，为中国科学技术大学的发展鞠躬尽瘁，死而后已。他认为科大的模式是"不拘一格，独立风格"，要求中国科大人团结，不要对立；竞争而又友好合作；理学是中国科学技术大学的强项，要保持，而且还要发展。

1978年4月22日，马大猷、王守武等在中国科学技术大学礼堂为物理系全体师生作报告。主持大会的钱临照说："郭老在全国科学大会上讲科学的春天到来了，今天科学的春天到我们二系来了！"会后，他又勉励大家说，科学的未来在于青年，并满怀深情地表示："我虽然不是青年了，我也要树雄心，立壮志，跟大家一起努力工作，做出贡献。"1980年6月10日，方毅、严济慈召开了部分教师座谈会。在会上，无线电电子学系沈凤麟副教授谈到钱老工作过于繁重，经常夜以继日时，方毅说："要在全校宣布这条规定，晚上不要找钱老，他已经七十多岁了，白天工作也要有节制。"1983年在北京举行的中国科学技术大学建校25周年校庆座谈会上，钱临照表示："科大取得了一定的成绩，但是不能满足，还要继续前进。不能满足于一点细微的成果，躺在成绩上面心安理得。中国科学技术大学的教学与科研还存在不少缺点。在教学上，用人单位评价中国科学技术大学培养出的学生高分低能，

中国科学技术大学校园内的钱临照雕像

要争取培养出的学生既是高分,而且脑子灵活,怎样把学生变成'高分高能'是个大问题。在科研上,尚比较涣散,不能集中力量使到刀刃上去。"正如科大原党委书记、副校长余翔林在钱临照90寿辰时所说:"他几十年如一日与科大人风雨同舟,患难与共。科大人哪里有困难,哪里就有他的支持与关心;科大人哪里有成功,哪里就有他会心的微笑;他的全部身心已和科大人的命运及国家科学、教育事业的命运融为一体。"

  1999年初,年迈的钱临照先生再次因病住进安徽省立医院。当他得知病情不可逆转时,就提出了"回家"的要求,并表示,就算回到科大校医院,也是"回家",以此来表达他对中国科学技术大学的深深眷恋。7月26日,钱临照在他所珍爱的中国科学技术大学校园内走完了人生的路程。临终前,他向子女们交代,待他身后,要将他的全部藏书及全部存款捐献给中国科学技术大学,再为培养年轻人出一把力……此外,他还要将其骨灰大部分撒在中国科学技术大学的校园内。2000年春,中国科学技术大学在东区校园里树立了钱临照的塑像,塑像旁埋有他的骨灰,让他永远活在中国科学技术大学所有师生的心中。

◆ 丁兆君 ◆

怀念施汝为先生

作为学生,我其实应该称施汝为先生为主任的,因为他是我们的系主任。中国科学技术大学1958年成立,各系的系主任由中国科学院各相应研究所的所长或著名科学家兼任。施汝为先生是中国科学院物理研究所所长,兼任中国科学技术大学技术物理系主任。我是中国科学技术大学技术物理系学生,毕业后分配到物理研究所工作,所以我既是施老的学生,又是施老领导下的工作人员。我至今保存着中国科学院物理研究所的"老工作证",上面盖着施所长的签名印章。

不久前,老同学聚会,我从合肥好友处得到一张照片,照片内容是施汝为先生在和两位同学亲切谈话。照片中的男生是技术物理系同学张泰永,他

施汝为与同学们亲切交流

毕业后留校任教，左边那位女生一开始我不敢确定，后来经咨询张泰永，确定是我们的同学高淑英。张泰永还对我介绍了照片的由来。

原来，我们毕业之前，部分同学准备考研究生，张泰永和高淑英计划报考施老的研究生。他们找到施老谈论这事，恰逢光明日报记者来物理所采访，拍下了这张照片。因为各种原因，他们后来没有读研究生，而是留校当了老师。张泰永告诉我，施老非常关心学生的成长，为物理系所有留校的同学都推荐了指导老师。他们不是研究生，胜似研究生。张泰永还告诉我，施老还是中国科学技术大学"所系结合"办学原则的倡导者和实践者。

施老是磁学学科的权威，但当时没直接指导我们固体物理专业。我与施老的首次直接接触是工作后，我在实验室拉扩散炉恒温区，施老来检查工作。他仔细询问扩散对恒温区的要求，并对我们一些操作提出建议，希望我们在科学实验中掌握好基本技能，每一个数据必须是真实、可靠的。他用浓重的崇明口音细声细语地跟我讲这些话，让我感到十分温暖，几十年后的今天，脑海中仍记得他慈祥的面容。

施汝为（前排左六）与中国科学技术大学物理系1958级同学毕业合影

施老已于1983年逝世。我们同学这次相聚在中国科学院物理研究所，在大楼前合影，难免让人回想起45年前我们毕业时的合影，也是在这座大楼前。当时，施老坐在我们中间。如今我们也已是老人了，但施老永远在我们心中。

◆ 薛啸宙（中国科大1958级技术物理系校友）◆

吴文俊：为科教兴国贡献力量

现在，呈现在大家眼前的是一份题词手迹，它出自我国首届国家最高科学技术奖得主、中国科学技术大学数学系原副主任吴文俊院士之手。题词内容不多，言简意赅——为科教兴国贡献力量。这句话既是吴文俊对中国科学技术大学全体师生的期待和对中国科学技术大学未来的展望，也是他本人从事科学研究与教育事业的毕生追求。

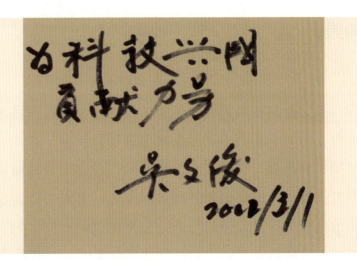

吴文俊给中国科学技术大学的题词

2001年3月1日，全国第三届数学机械化高级研究班在合肥举办，吴文俊故地重游，回到曾工作多年的中国科学技术大学校园，主持了这次研究班的开班仪式。在这次学术活动期间，吴文俊参观了校园和他曾担任副主任的数学系，和数学系师生亲切交流，对中国科学技术大学数学系完成的学术工作表示了极大的肯定。他还为中国科学技术大学全体师生作了题为《数学机械化与机械化数学》的学术报告，并欣然为中国科学技术大学题词，于是就有了本文开篇这份珍贵的科学家手迹。

吴文俊(左三)参加第三届数学机械化高级研究班

    吴文俊是我国著名数学家，1958年中国科学技术大学建校伊始他就走上讲台，为力学和力学工程系同学讲授微积分。在此之前，吴文俊并没有讲授过微积分课程，临时接到学校通知，没有充分的时间备课，于是只能凭借自己对于微积分的深刻理解和临场发挥，努力上好前部分课程。后期，他从繁忙的研究工作之中抽出时间，去推敲授课方法，整合授课内容，并参考大量国内外的微积分教材，编写自己的备课讲义，并形成了自己的授课特色。

    中国科学技术大学应用数学和计算技术系（1964年改名为数学系）的早期教学采用"一条龙"教学法，即每一级学生的基础课、专业课教学由一个教师团队从头到尾负责到底，吴文俊领头的教师团队负责应用数学和计算技术系1960级学生的基础课、专业课教学，称之为"吴龙"。1960年，吴文俊40岁出头，风华正茂，是当时最年轻的学部委员，已经和华罗庚、钱学森等科学大家比肩，荣获了国家自然科学一等奖，学术成就蜚声海内外。是年秋，吴文俊走上讲台，为应用数学和计算技术系1960级的学生授课。"微积分是初等数学与高等数学的分水岭",吴文俊开宗明义,以极其概括的课首语开始了他每周六个学时、连续三个学期的"微积分"课程。随后他又讲授了一个学期的"微分几何"。1963年,该年级分专门化以后,吴文俊还指导了几何拓扑专门化的学生。吴文俊家住北京中关村,与中国科学技术大学玉泉路校区相距甚远,坐公共汽车需要一个多小时,但他从不缺课,也极少请人代课,风雨无阻,数年如一日。这足见吴文俊对于培养科学技术人才的重视,也表现出一个前辈学者的责任与担当。

吴文俊的教学独树一帜,不拘泥于前人,根据自己的研究与思考,亲自编写《微积分》讲义作为同学们的教材。当时没有计算机,讲义一般由学校刻印室刻写油印。但是有一次同学们发现,发下来的讲义上的字体似曾相

1978年,吴文俊和少年班同学在一起

识，原来是吴文俊自己刻印了这部分讲义。吴文俊讲课有几个特点：首先，内容浓缩而内涵丰富，立足基础而又观点高、寓意深，学习和理解这样的课程是有一定挑战性的，要求学生始终保持高度的注意力才有可能领会其精神。为了上好吴文俊的课，当时有些喜欢晚睡晚起的同学改变了作息习惯，上课前一天晚上按时睡觉，以便第二天能集中精力上课。其次，课堂讲授由浅入深、启发思维。每堂课开始，他总会在黑板上写出中心问题，然后循序渐进、透彻自然地分析，最后得出结论往往是水到渠成，引导着同学们由易到难逐步深入，进而渐入佳境。再次，授课过程如行云流水，一气呵成。吴文俊讲课从没有题外话，从一开始就切入主题，讲到高兴处神采飞扬，他对于曲面的高斯曲率只依赖于第一基本型这一定理赞不绝口，称之为高斯的绝妙定理。吴文俊在中国科学技术大学的授课一直持续到1965年，之后他和数学系同学一起来到安徽六安地区开展"四清"活动，前后大约一年时间，次年回到北京时已经失去了平静的校园。

"文革"开始以后，高校的教学科研工作全面中断，吴文俊与中国科学技术大学暂时"分手"。1978年4月，中国科学技术大学系科调整，吴文俊担任数学系副主任，作为华罗庚先生的副手再次担负起建设数学系的重任。"中国是古代的数学大国，近几百年来却成为数学小国，我们要努力恢复中国数学大国的地位，"吴文俊在中国科大数学系的教师大会上大声疾呼："数学应该尽快以现代化的武器装备起来，走上现代化道路。"随即，他从口袋里拿出一个美国造的小型电子计算器给大家看，表示要不了几年中国一定也会有，而且还会超越他们，我们现在是从落后变先进，有了党和国家的支持，我们的未来大有希望。

1983年，吴文俊再次回到中国科学技术大学，主持我校首批博士生毕业答辩。参加答辩的7位中国科学技术大学博士是由我国自行培养的第一批博士，当时全国共有18位博士。

2007年6月，吴文俊应邀出席中国科学技术大学50周年校庆第二次新闻发布会。据前往合肥火车站迎接吴文俊的老师回忆，吴老衣着朴素，两只脚，一只脚穿着袜子，另一只脚光着，正感奇怪时发现老人的口袋里露出了袜子的一角，实在令人莞尔，这也呈现出老科学家返璞归真、别具一格的率

吴文俊参加第一批博士生毕业答辩

性之美。在新闻发布会上,吴文俊饱含深情地回忆了自己在中国科学技术大学工作的经历,并为此感到高兴和自豪,希望中国科学技术大学可以发展成为培养中国和世界科技精英的摇篮。"我与科大有着不解之缘",这是吴文俊对自己在中国科学技术大学工作经历的总结,同时还充溢着这位科学大家对中国科学技术大学的浓情厚谊和深深眷念。

◆ 方黑虎 ◆

毛泽东为钱志道题词

2004年夏,我们在筹办中国科学技术大学校史馆时惊喜地发现,毛泽东主席曾经为我校原副校长、中国科学院学部委员钱志道题写过"热心创造"的条幅。但据校存档案记载,这份手迹已于1977年经安徽省委上交至中央档案馆。档案中,还保存着中国科学技术大学党委和钱志道本人写的一份说明。虽然这两份材料因用圆珠笔书写,字迹已模糊不清,但它引起了笔者的研究兴趣,决定理一理这件事的来龙去脉。

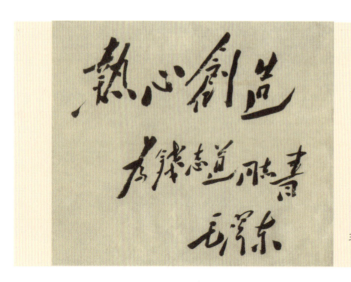

毛泽东给钱志道的题词

1935年,钱志道自浙江大学化学系毕业后留校做了两年助教。一天,他在报纸上看到八路军招聘防毒技术人员的启事,就直接给毛泽东主席写信,表示愿赴延安。不久,他收到陕甘宁边区政府秘书长李六如代表毛主席欢迎他早日光临延安的回信。钱志道草草收拾行装便踏上了西行之路。在边区,他受命组织兵工生产,历经千辛万苦,奇迹般地生产出大量化工品和枪弹。

1944年"五一"劳动节,钱志道和赵占魁、李强、沈鸿等一起,被授予"特等劳动英雄"称号,人们亲切地称呼他们是"赵钱孙(沈)李四大英雄"。毛泽东主席为他们亲笔题词,其中给钱志道的题词是"热心创造"。《解放日报》发表文章,称赞模范工程师钱志道"创立边区基本化学工业"的业绩。1945年3月,钱志道再次荣获"特等劳动英雄"称号。

1946年,钱志道奔赴东北战场,创建了新的兵工企业。新中国成立后,他致力于组织兵工生产,特别是导弹研制,并指导我国火箭发射药的研制,完成了100余项军工项目的涉外谈判。

1965~1978年,钱志道任中国科学技术大学副校长,后任中国科学技术大学北京研究生院副院长。平时,他很少在办公室,总是在实验室、教研组和学生中间转。凡事能自己动手,决不要别人代劳。得知秘书是本校无线电系毕业生,便说:"我这里没多少事,你到系里兼门课,不要把业务丢了!"

钱志道在检查学校后勤工作

中国科学技术大学南迁合肥时一穷二白，钱志道和师生员工一起艰苦创业。为筹建化学楼，他跑批文，要经费，建设中不时深入施工现场。他深入实际，倾听基层意见，倡议并支持设立激光化学、材料工程、低温物理、天体物理等系科专业和科研机构，为中国科学技术大学的建设和发展做出了重要贡献。

钱志道功勋卓著，却从不提自己在战争年代的辉煌经历。中国科学技术大学原副校长钱临照院士在一篇回忆文章中说："70年代下迁合肥，科大住房紧张，我与志道两家蜷居于一单元内，朝夕相处，笑谈如在目前。他唯独不谈在延安为革命所作的贡献。毛主席题词，初尚藏于箧中，及后为人所知，乃以示人。"原来，是红卫兵抄家时在钱志道的箱底发现毛主席题词。当时大家都震惊了，他们眼中的"走资派""反动学术权威"，原来是为中国解放事业做出巨大贡献的老英雄。

为收集这份珍贵的档案史料，我们前往中国科学院开具证明，终于在中央档案馆查到题词原件并复制一份，将其陈列于学校校史馆。

◆ 丁毅信 ◆

李政道[①]与少年班

1979年4月，著名物理学家、诺贝尔物理学奖得主李政道教授应邀来到中国科学技术大学研究生院（北京）讲学。在此期间，他利用周末休息时间，与夫人秦惠䇹专程赶到合肥，第一次走进中国科学技术大学合肥本部的校园，看望少年班学生和老师，并赠送给少年班18本从美国带回来的科普书籍。在与少年班同学的座谈会中，李政道讲述了许多有趣的科普故事，引起了少年班学生的好奇心，并启发他们思考。他说："一个人年轻的时候，做两件事比较好，一是学习外语，二是学习知识，""遇到问题要敢于问个为什么，然后再从最简单的方面去找答案，错了也没有关系，不要怕错，有错马

李政道给少年班的题词

[①] 李政道（1926~　），江苏苏州人。著名物理学家，诺贝尔物理学奖获得者，中国科学技术大学名誉教授，多次来校访问、讲学。

上就改。可怕的倒是提不出问题来，迈不出第一步。"他告诉少年班老师要培养学生的好奇心，重视培养学生的实际动手能力。座谈会结束后，他又步行到少年班教室与全体同学见面，鼓励少年班同学努力学习，最后为少年班题词"青出于蓝、后继有人"，寄予少年班同学非常高的期许。

虽然这是李政道先生第一次来到中国科学技术大学，第一次当面接触少年班，但他与中国科学技术大学少年班的缘分其实在5年前就已经悄悄地联系在一起了。1974年5月，从美国归来、考察国内科技和教育情况的李政道写了一份《关于培养基础科学人才》的建议书，通过周恩来上报毛泽东。李政道建言，中国要培养一支"少而精的基础科学研究队伍"，"理科人才也可以像文艺、体育那样从小培养"。这份建议获得了毛泽东的赞同，只不过囿于当时历史条件的限制没有获得实施，但其带给中国教育界的影响是深刻而持久的，也成为中国科学技术大学创办少年班的源头。

1977年10月，江西冶金学院教师倪霖上书国务院副总理方毅，推荐13岁智力超常少年宁铂上大学。方毅批示"请科技大学去了解一下，如属实，应破格收入大学学习"。与此同时，中国科学技术大学也不断收到全国各地推荐少年英才的信件，于是产生了创办少年班的设想，并得到了中国科学院的批准。1978年3月，少年班正式成立，李政道关于"理科人才也可以从小培养"的教育思想走进了现实。少年班成立以后，李政道一直非常关心少年班的成长。

1980年1月，李政道回国参加广州粒子物理理论讨论会。中国科学技术大学党委书记杨海波知悉后热情邀请李政道再次来合肥作客，李政道在下榻的广东温泉宾馆回信表示"可惜这次回来的时间极短，无法来合肥拜访，甚为遗憾"，同时不忘"并问候少年班同学"。这说明少年班已经成为李政道心中的一份牵挂。1981年11月，李政道致信中国科学技术大学钱临照院士，祝贺少年班干政、吴彦同学在中美联合培养物理类研究生计划(CUSPEA)考试中获得优异成绩，并建议他们不要去处于闹市的哥伦比亚大学，而应该选择那些远离市区的学校，比如康奈尔、普林斯顿等比较安静的地方进行深造。"诸校中均有教授夫人可特别照顾一二"，李政道考虑到少年班同学年龄较小，不适合在热闹的大都市区域读书，他们还需要一些生活上的特别照顾，这就像关心自家孩子一样使人感到十分温暖。1983年4月，适逢少年班成立5周年，李政道教授在美国为少年班再次题词祝贺："人才代出，创作当少年，桃李天下，教育数科大。"字里行间可以看出，李政道对于少年班的未来、中国科学技术大学的未来期望之高。

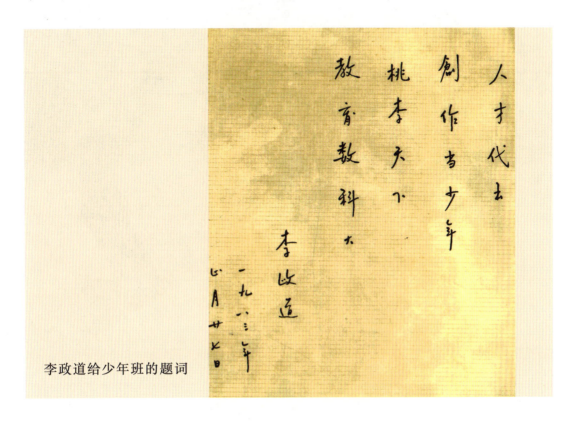

李政道给少年班的题词

1984年5月，李政道再次访问中国科学技术大学，在同校方交流时客观评价了少年班的作用："少年班学生将来的成就，很可能和那些比他们大两三岁学生的成就相比，并不一定好，或者差距并不大，但是我们没有理由耽误他们三年、四年，没有任何理由让他们浪费三、四年时间，为的是早出人才。"在随后和少年班同学的座谈中，李政道告诫同学们："你们是最聪明的，但是这不是最重要的。最重要的是创造力，是要能带头，而不是人家带头你跟在后面走，""考试只是考一个人的记忆力，考的是运算技巧，并不是学习的重点，学习的重点是能力的培养。"然后就此现场做了一个实验。李政道举例说："一个上海学生对上海马路当然熟悉，另外一个学生从来没有去过上海，给他一张上海地图，告诉他明天考画地图、标街道名称但不告诉上海那个学生要考试,考试时哪位学生画得好?""没去过上海的那位学生画得好。"大家异口同声回答。"对,大家说得对。"李政道说。

李政道和少年班师生在一起座谈

"他甚至可以连街道名称都标得准确无误。但是,再过一天,把他们俩都带到上海市中心,并且假定上海市的所有路牌都拿掉了。你们说,他们俩哪一个能从上海市中心走出来?"同学们都笑了,答案不言自明。李政道接着说:"我们研究的领域就是没有路牌的地方,要去多走才能熟悉。地图虽然画得好,考试能得100分,但是他走不出去,真正的学习是要没有路牌也能走路,最后能走出来,这才是学习的本质。"随后,李政道建议少年班同学在平时的学习过程中"自己设计、发明实验,哪怕粗糙简单一点也是好的","读书时先看开头和结尾,然后想一想这中间应该是怎么过来的,想出来也好,想不出也好,想过后再看书,看它是怎么写的。只有这个时候才知道这本书好在哪里,为什么好"。言之谆谆,情之切切,即使跨越了30多年的时间,我们仍然能感受到李政道情牵祖国科技、教育事业的拳拳赤子之心。

1987年12月，为纪念少年班成立10周年，李政道第三次为少年班题词："代代出新人，英雄在少年"，表达了他对于少年班的无限期待。

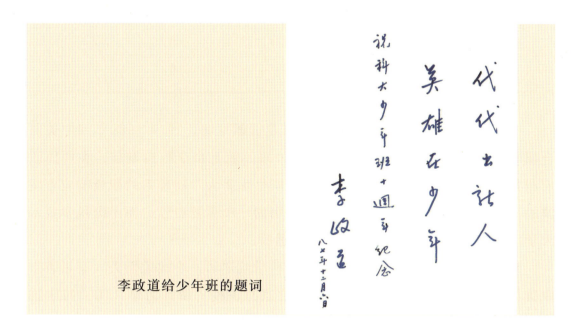

李政道给少年班的题词

2008年3月，中国科学技术大学出版社出版《少年班三十年》，李政道应邀题写书名并欣然作序，给予少年班科学、公允的评价："少年班在当时的确起到了推动国家人才培养的历史作用。当然，在现代教育制度已经恢复健康的时代，我们不能把少年班说成是高等教育的最好或必须的途径，更不应该把'少年'和天才宣传强调到不恰当的地步，去贬低一般的大学生，贬低正规的高等教育。不可否认，少年班举办以来，曾经发生过一些问题，甚或现在还存在着某些问题，可是那不是少年班的主流，不应该因噎废食。"

◆ 方黑虎 ◆

李政道与CUSPEA

李政道先生对中国的科技、教育事业贡献卓著。1979~1988年间中美联合招考物理研究生项目（CUSPEA）的开展，就是由李政道发起，在中国政府和各大学的大力支持，以及美国几十所最优秀大学物理系的积极响应下实施的。这是他对中国物理人才培养所做出的一项重要贡献，而中国科学技术大学因在CUSPEA中的突出表现，声名远播。

1979年4月2日至5月8日，应中国科学院邀请，李政道偕夫人秦惠䇹来中国为中国科学技术大学研究生院（北京）讲授"统计力学"与"粒子物理"两门课程。此前几个月，李政道就寄来了讲课的提纲手稿，其中补充了许多1977~1978年的最新内容。同时，他还收集了一百多篇文献资料和书刊，其中许多都是国内没有的贵重书籍，以供听课人员阅读参考。经中国科学院理论物理研究所副所长何祚庥、高能物理研究所副研究员冼鼎昌、我校研究生院副教授汤拒非组成的讲学接待小组向李政道详细介绍了此次讲课的准备和组织情况之后，共同商定了7周课时的具体安排。其中，"统计力学"每周讲课2次，每次3小时，计42学时；"粒子物理"每周讲课3次，每次3小时，计63学时。听课人员除我校研究生院有关专业的研究生外，还有来自全国各地23个科研单位和63所高等院校的科研和教学人员，共约480人。每次讲课都进行录像、录音，由我校研究生院组织5名研究生按李政道提出的要求及时整理出笔记，经李政道本人审阅修改后交科学出版社出版。我国著名物理学家赵忠尧、张文裕、彭桓武、朱洪元、胡宁等也参加了这次讲学活动。中国科学院副院长、我校副校长严济慈高度赞扬了李政道热爱祖国、关心祖国"四化"建设的精神。

1979年4月20日,李政道访问中国科学技术大学

在回国之前,李政道就提出要到我校访问少年班。为了不影响在研究生院的教学进程,他放弃休息时间,利用星期六和星期日提前讲课,腾出时间和夫人一道赴合肥访问中国科学技术大学。李政道还对如何办好中国科学技术大学提出意见,建议学校要在国际上进行广泛的学术交流,并选派好的研究生出国。

李政道在讲学期间,就发现了一些优秀的研究生。之后,李政道联系他所任教的哥伦比亚大学物理系的一些教授,请他们出一份能达到进入该系研究院标准的试题,寄到北京。在研究生院院长严济慈、副院长吴塘的协助下,李政道对研究生院的少数研究生进行了笔试和面试,从中选拔了5名学生,将他们的试卷和履历寄至哥伦比亚大学,请该校物理系开会决定是否录取他们为研究生,能否承担他们所需的全部经费,直至这5名学生获得博士学位。同时,李政道又请该系为这5名学生向哥伦比亚大学招生办公室补办了进入该校的全部手续。由于他们成绩优秀,很快获得了哥伦比亚大学物理系的同意，顺利入学。

1979年11月9日，李政道致信中国科学技术大学副校长兼研究生院院长严济慈与中国科学院副院长兼北京大学校长周培源，建议选送更多的学生去哥伦比亚大学物理系攻读博士学位。该年底，第二次选拔考试在北京进行，不仅有来自中国科学技术大学研究生院的考生，还有来自北京大学等高校及中国科学院理论物理研究所等科研机构的考生。考试的结果是，除选送了3人进入哥伦比亚大学外，李政道还努力与纽约城市大学、卡内基梅隆大学、俄勒冈大学、匹兹堡大学和弗吉尼亚大学5校的物理系协商，另外推荐了10名学生，分别进入这5所大学学习，并全部获得资助。这两批学生的选派实为CUSPEA项目的雏形。由于中美大学间已失去联系多年，当时中国也没有现在的TOEFL和GRE考试机构，李政道所创议的CUSPEA为中国大学毕业生赴美深造开辟了一条新的途径。

李政道与中国科学技术大学严济慈副校长在一起

1980年1月10日，李政道致信主管科教的方毅副总理，建议推广哥伦比亚大学的做法，与美国一些有好的物理系研究院的大学联系起来，接收中国赴美留学生，并告知首批赴美的5名研究生成绩极佳，上学期考试各科成绩的第一名和第二名都在他们之中。在同年3月16日的回信中，方毅对李政道的建议深表赞同。2月1日，李政道开始大规模地展开工作。他向53所美国高水平的大学物理系主任和教授们发了200多封内容相同的信，邀请他们普遍采纳哥伦比亚大学物理系临时性的从中国挑选物理研究生的招生程序。从那时起，CUSPEA正式全面开始。后来，参加CUSPEA的美国和加拿大的大学增加到了97所。诚如朱光亚、周光召所言，从发起CUSPEA到建议在中国建立博士后科研流动站，李政道以其战略性的眼光和超前的意识，不仅给年轻人创造了机会，也为中国人才培养和科学事业的发展创造了一种有效可行的方式。

我校学生参加中美联合招考物理研究生项目考试

1980年5月13日，中国科学技术大学研究生院根据教育部和中国科学院《关于推荐学生参加赴美物理研究生考试的联合通知》，接受委托，成立由严济慈、周培源、王竹溪、马大猷等25位科学家、教授组成的CUSPEA招生考试委员会，由严济慈担任委员会主任。另设CUSPEA办公室，由中国科学技术大学研究生院副院长吴塘任办公室主任。1980年至1988年，共有915名物理研究生通过了由美国几十所大学统一出题、统一招考的考试，其中中国科学技术大学有227名学生通过考试，占24.8%（如下表）。这一招生办法后来推广到数学、化学和生物学科。

中国科学技术大学学生通过CUSPEA考试情况一览表

年度	全国考取人数	学生考取人数	学生取得的名次（前十名）
1979	18	5	未统计
1980	126	18	
1981	124	21	1、2、3、5
1982	119	12	2、10
1983	108	10	
1984	103	25	1、3
1985	95	36	1、5、8
1986	72	34	1、2、4、5、7、8、9
1987	76	31	2、3、4、6、7、8
1988	74	35	1、2、5、6、7、10
合计	915	227	

2002年6月9日至11日，为纪念CUSPEA实施20周年，中国科学技术大学隆重举行"CUSPEA学者活动周"。活动周期间，CUSPEA校友举行了多场学术报告会，就各自的最新研究成果和工作情况向母校师生作了汇报，还多次与师生进行座谈和交流。

2016年9月22日至24日，中国科学技术大学物理学院举办了第十二届中国-新加坡物理前沿联合论坛。欣逢李政道先生九十华诞，论坛特意增加一个"CUSPEA与中国物理"专场，以向李政道先生致敬。

◆ 丁兆君 ◆

中国第一台通用数字电子计算机
——107计算机

107计算机控制台

107计算机部分主机柜

这两张图片分别是我国第一台通用数字电子计算机——107计算机的控制台和部分主机柜，照片拍摄于1960年中国科学技术大学应用数学和计算技术系机房。如图所见，中国的第一代计算机也可谓庞然大物，几乎占据了大半个房间，但它代表了当时中国的最高计算技术水平，是中国科学技术大学乃至整个中国计算技术界的骄傲。说到107计算机，我们便不能不提到被后来者尊为"中国计算机之母"的夏培肃院士，是她亲手缔造了107计算机的传奇，并将它布置到中国科学技术大学应用数学和计算技术系的机房。

夏培肃，1923年生于重庆，1950年获英国爱丁堡大学博士学位，1951年回国，1952年到中国科学院数学研究所工作，在所长华罗庚的鼓励和支持下组建中国第一个计算机科研小组，带领数学所和中国科学技术大学一批年轻人奋力拼搏，于1960年在中国科学院数学研究所自主设计研制成功我国第一代通用数字电子计算机——107计算机。

1958年9月，中国科学技术大学在北京玉泉路成立。在华罗庚的安排下，夏培肃担任中国科大计算技术教研室主任，负责组建计算技术专业。她不仅在专业发展、课程设置、教学计划、教材编写和师资建设方面投入巨大精力，而且亲自走上讲台，为中国科学技术大学应用数学和计算技术系的同学们讲授"计算机原理"课程。1960年底，在107计算机研制成功之后不久，或许是夏培肃在教学中敏锐地察觉到了计算机操作实践对于培养学生的必要性，或许是她对于中国科学技术大学同学们的钟爱与期望，亦或是她衡量了中国科学技术大学年轻教师在研制107计算机过程中的努力与贡献，她建议中国科学院数学研究所将107计算机赠予中国科学技术大学，为中国科学技术大学师生从事计算技术的教学与科研活动提供了最有力的设备保障。

107计算机共有六个机柜，分别布置中央处理器、存储器和电源，另外还有作为输入输出设备的五单位发报机一台、电传打印机一台和控制台一个。整个计算机房占地面积60平方米，限于当时条件尚未安装空调设备，因此，地面上还有几台电风扇在给运行中的计算机通风降温。107计算机采用串行运算方式，平均每秒运算250次，与今天的超级计算机运算速度动辄每秒亿亿次相比可以说微不足道。2017年6月，来自中国的神威·太湖之光，以每秒12.5亿亿次的浮点运算速度，成为世界上运算速度最快的超级计算机。然而，107计算机的光芒一点也不亚于今天的神威计算机，她的诞生是中国计算机行业的标志性事件，开辟了中国的通用数字电子计算机的发展之路。

1962年初，中国科学院数学研究所一批著名专家来到中国科学技术大学，对107计算机的运行做了一次技术鉴定。出乎意料的是，107计算机运行过程中突然断电，但它经受住了这次突如其来的考验，原来在机器中运行的程序仍然继续正确执行，这在当年的电子计算机中是不多见的。107计算机也由此而闻名全国。

107计算机在中国科学技术大学不仅为教学工作、培养人才服务，也接受一些校外单位的计算任务，包括潮汐预报计算、原子反应堆射线能量分布计算、爆破波计算、建筑工程中的震动曲线计算等，同时吸引了国内兄弟高

夏培肃（二排左三）与中国科学技术大学部分师生在107机房前合影

校的同行们来到中国科学技术大学进修学习。1964年，中国科学技术大学的教师对107计算机进行了升级，运算速度提高到每秒2000次，这在当时也是一件开创性的工作。在对107计算机的维护和不断改进工作中，中国科学技术大学计算技术专业的年轻教师们也迅速地成长起来，在中国计算技术界崭露头角，原来由夏培肃先生主讲的"计算机原理"课程交给了郑世荣、钟津立，杨学良、吉凤岗也在全国计算机学术交流会上作了学术报告。

好景不长，随着"文革"的到来，学校的教学科研工作几乎停顿了。1970年，中国科学技术大学南迁合肥。当时，国际上已经出现集成电路计算机，国内也已经能够生产晶体管计算机，计算技术研究室的老师们计划放弃业已过时的107计算机，直接开展集成电路计算机的研发工作。学校军宣队领导告诉老师们，叫他们不要太性急，安徽人还没见过电子计算机呢！于是，107计算机跟随中国科学技术大学数学系的师生们一起来到了合肥。107

计算机的核心部件磁芯体非常娇贵，经不起一点碰撞和大的冲击，对于如何运输磁芯体，计算技术研究室的老师们在简陋条件下做了很巧妙的设计。根据参与搬迁工作的卿志远老师回忆："对最最重点保护的磁芯体，他们用了二层木箱，磁芯体加了防震材料包装，放在里面的小箱里。用了8条弹簧，悬空固定在外面的大箱里，""这个不算小的木箱，是周基桑一个人抱在怀里，坐小飞机到合肥的。"这也是周基桑老师第一次享受坐飞机的待遇。

107计算机到了合肥，被安置在原合肥师范学院艺术楼（今中国科学技术大学东校区校史馆楼）一层东边北屋。107计算机在合肥安装完成后，接到的第一个任务是播放《东方红》，随后也偶尔接过马鞍山钢铁公司的计算任务。青山遮不住，毕竟东流去。科技发展的脚步已经将107计算机远远地抛在时代的背景之中，曾经辉煌的107计算机英雄迟暮，逐渐退出历史舞台，被弃之不用了。南迁合肥之初，学校用房极度紧张，20世纪70年代初，为腾出科研用房，学校器材处在纠结之中将107计算机当做废品处理掉，一段具有历史纪念价值的往事只能成为回忆，遗憾至极！

今天，也许已无多少人能够记起107计算机，但中国计算技术发展的根却在60多年前，由以夏培肃先生为代表的老一辈计算技术科学家深深植入了中华民族的沃土，经过几代人的精心浇灌和培育，直至今天成长为全球计算技术界的参天大树。

◆ 方黑虎 ◆

晋曾毅：周恩来总理任命的副校长

晋曾毅，对于今天的中国科学技术大学人来说也许很陌生。可是追溯校史，他却是具有特殊贡献的建校元老。当你走进中国科学技术大学校史馆第一展厅，陈列柜里由周恩来总理签署、任命晋曾毅为中国科学技术大学副校长的任命书，格外引人注目。这份珍贵展品，是我们在整理学校老档案时发现的，档案本身完整清晰，历时半个多世纪仍能如此实属不易。

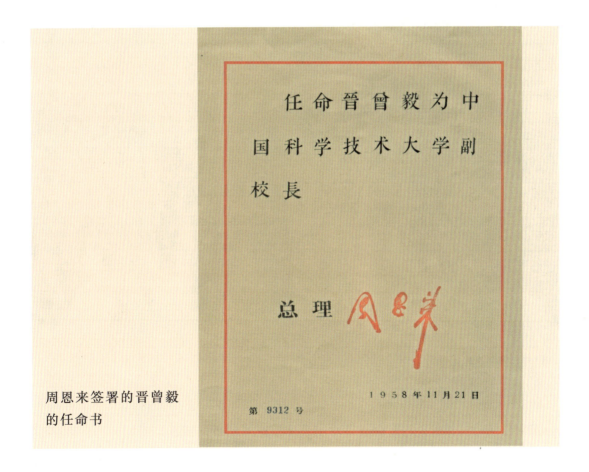

周恩来签署的晋曾毅的任命书

晋曾毅，河北蠡县人，1908年生，1929年起先后留学比利时、法国，1937年回国参加抗战，1947年起任北方大学党总支书记、工学院副院长、华北大学工学院副院长、北京工业学院副院长，1954年任高等教育部教学指导司司长、1956年9月任中国科学院力学研究所副所长。

1958年5月，中国科学院决定创办中国科学技术大学。6月18日，建校筹备处正式成立。时任中国科学院力学所副所长的晋曾毅，由于具有多年高校领导和高教部工作经历，成了中国科学院负责筹建中国科学技术大学的合适人选。

晋曾毅被调入建校筹备处作为主要负责人，负责协调繁杂的具体筹备工作。在随后的三个月里，晋曾毅针对筹备工作中遇到的招生、校舍、师资等

郭沫若、郁文、晋曾毅等陪同聂荣臻副总理检查开学准备情况

各种困难，多次主持召开工作会议，逐一研究和加以解决。师资方面，7月28日学校筹备处举行第一次系主任会议，晋曾毅等30余人出席会议。会议确定由中国科学院相关研究所所长、副所长担任各系主任、副主任，负责组织和实施教学计划，编写教材和教学大纲。系科设置方面，实行理工结合、教学与科研结合，以当时国家急缺的新兴科技领域为主。

为解决校舍困难，在中共中央办公厅和解放军的支持下，选定中央党校二部（玉泉路19号）作为校址，又将马路对面的解放军政治学院两栋办公楼作为中国科学技术大学学生宿舍。通过努力，短时间内录取1600余名品学兼优的新生，其中直接招收学生950名，其余为保送生和代培生。9月初，学校各项筹备工作均已就绪，晋曾毅向中国科学院作了汇报，保证如期开学。

1958年9月20日，中国科学技术大学成立暨开学典礼大会隆重举行，大会由晋曾毅主持。《人民日报》曾报道："中国科学技术大学的成立是我国教育史和科学史上的重大事件。"从此，一所理工结合的新型大学诞生并迅速发展成为全国重点大学之一。建校之初，由于校长郭沫若、校党委书记郁文都是兼职，学校日常工作实际上由晋曾毅主持。

在办学过程中，晋曾毅提出了诸多具体的建议和措施，并取得了良好的效果。他主张教学改革必须建立在教学实践和教学研究工作的基础上，要检验教学的实际效果，认真总结经验，并吸收兄弟院校教学改革的先进经验。中国科学技术大学建校不久就成立了勤工俭学办公室，调配专职干部，深入各系各厂，协调生产劳动。晋曾毅协助校长郭沫若、党委书记郁文加强领导集体建设，健全学校党委会和校务委员会。以系为基层，加强系的工作，赋予各系党组织充分的职权，使各系党组织能够根据党委决策和本系具体情况，全面领导各项工作。

晋曾毅经常深入学生之中，了解和关注学生的学习、思想状况，组织人员通过各种活动形式，对学生进行有针对性的帮助和教育。他经常鼓励学生要多学习科学知识，形成浓厚的学习兴趣，为将来从事相关领域的科学研究打下坚实基础，勇攀科学高峰。针对部分同学学习、生活上的一些不良表现，他通过谈话、讲座和组织座谈等形式给予指出并热心帮助。

1959年3月，晋曾毅积劳成疾，住进医院。治疗期间，同学们争相为他

晋曾毅（左二）陪同郭沫若参观实验室

输血抢救。8月2日，晋曾毅不幸英年早逝。8月26日，学校举行追悼会，郭沫若、杨秀峰、张劲夫等领导和全体师生员工前往八宝山参加公祭，深切缅怀这位中国科学技术大学的创建者。会上，中国科学院党组书记、副院长张劲夫给予晋曾毅高度评价。今天，当你走进北京八宝山革命公墓，进门不远处就能看到晋曾毅的墓碑伫立于苍松翠柏之下。

◆ 丁毅信 ◆

中国科学技术大学1962届毕业生的故事

2015年4月18日,中国科学技术大学南京校友陈再荣先生将珍藏多年的中国科学技术大学毕业证书赠予中国科学技术大学档案馆(校史馆),档案馆协同校友总会在南京为陈再荣校友举办了捐赠仪式,正式接受陈再荣校友的捐赠。

陈再荣校友的毕业证书

在捐赠仪式上,我们注意到陈再荣校友的毕业证书与其他毕业证书相比,有两个特别之处:一是这份证书上写的是"转入本校物理系二部",二是证书上所写的毕业年份为1962年。

众所周知,中国科学技术大学创建于1958年,除"文革"期间招收的工农兵学员学制为三年以外,到2000年一直采用五年学制。而陈再荣校友的毕业证书显示,他的毕业时间是1962年7月。这是否意味着中国科学技术大学早在建校之初就已经实行了四年学制?通过陈再荣校友的讲述,我们了解到了这张毕业证书背后的故事。

陈再荣校友于1957年考入华南工学院（现华南理工大学）。1960年，为了加快国防工业的发展，提升国防现代化水平，解决制约国防工业发展的人才紧缺问题，在钱学森的提议下，中国科学院从全国各地的高等院校中挑选一批基础较好的工科学生，经过培训，计划送往苏联留学，学习他们的先进技术，回国之后再为"两弹一星"等国防军工事业贡献力量。

据陈再荣校友回忆，他当时在华南工学院的学习成绩并不是十分突出，但高考成绩非常好，基础很扎实。在大学四年级之初，他接到华南工学院老师的通知，马上调往北京中国科学院物理研究所学习，为前往苏联留学做准备。

于是，1960年10月7日，陈再荣到达北京，进入中国科学院物理研究所，展开了自己求学生涯的新篇章。据陈再荣校友回忆，当时与他一同学习的同学一共有两百多人，分成四个班，上课主要在中国科学院物理研究所，同时在中国科学院电子研究所还有几十名情况类似的学生。这些学生都是国家为了未来国防建设所储备的精英人才。

当时为这批学生讲课的老师大多数是中科院研究所的研究员，这和当时中国科学技术大学授课老师的配备基本相同，所学课程也与当时的中国科学技术大学在校生有一定的重合，但政治课的学习是在玉泉路中国科学技术大学校区完成的。随着政治局势的变化，中苏之间关系紧张，苏联撤走援华专家，所有苏联援建的项目也都进入停滞状态，原本准备毕业之后就前往哈尔科夫大学（位于乌克兰，现名卡拉津哈尔科夫国立大学）留学的陈再荣因而无法成行。

到了1962年，陈再荣和他的同学们已经完成了所有大学课程，但是原定的留苏计划因为政治原因无法实现，这批学生也就面临着毕业的问题。由于当时选拔的时候学籍已经从原来所属的学校转出，因而不能由原来所属院校发放毕业证书，当时中国科学院物理研究所和电子研究所并不具备发放毕业证书的资格，所以这二百多名学生便以中国科学技术大学学生的身份毕业，因此就有了这张1962年的中国科学技术大学毕业证书（中国工程院周寿桓院士同样是1962年毕业于中国科学技术大学）。

从这张毕业证书上，我们可以看到"中国科学技术大学二部"的字样，这里的"二部"应当指的就是在当时在物理研究所以及其他研究所中学习的学生，通过陈再荣校友的回忆可以确切地知道，当时在物理研究所和电子研究所有二百多名学生是作为中国科学技术大学1962届毕业生毕业的，至于在其他的研究所是不是也存在有类似的情况，由于档案资料的缺失，尚有待于进一步考证。

感谢陈再荣校友向母校捐赠毕业证书，并向我们口述了当年的学习生活点滴，让我们了解到这一段并不为人熟知的历史。

◆ 丁兆君 ◆

最宝贵的入场券丢了

又快到清明了，算来周总理离开我们已经32年了。记得32年前听到总理逝世的噩耗时，我正出差在江苏，到常州后想找一个悼念的地方，竟没有找到。最后在娑罗巷口一个小学的走廊下看见一幅总理像，像上围着黑纱，阴冷的冬日里，周围空无一人，我走上前朝总理像鞠了三躬，眼泪夺眶而出。

1963年我们大学毕业。北京市各高校的应届毕业生到人民大会堂听报告，作报告的就是我们的周总理。由于人多，我们被安排在宴会厅收听报告，报告结束后总理到各分会场同我们见面。

1958级李金声校友珍藏的周恩来总理报告入场券

印象最深的是周总理讲的"过五关"，这五关是"思想关、政治关、家庭关、社会关、生活关"。总理以自己的家庭、经历为例，告诫我们出了校门、走向社会，要事事处处严格要求自己、磨炼自己。其中他特别提到自己的家庭出身和社会关系，说自己从一个旧官僚家庭出来，亲戚多，常常有亲戚找上门来。总理说："家庭关系、社会关系是最难处理的事。"他说经常请邓大姐帮着做这些亲戚的工作。总理对自己严格，对自己的侄儿侄女等亲属也非常严格，这已为国人共知。总理曾定下十条家规：晚辈不准丢下工作专程到北京看望；来者一律住机关招待所；一律到食堂排队就餐；看戏以家属身份买票入场，不得用招待券；不准请客送礼；不许动用公家汽车；凡个人生活上能做的事，不要别人来办；生活要艰苦朴素；不许说出与周恩来的亲属关系来炫耀自己；不谋私利，不搞特殊化。

我们这一代人总是把周总理与"鞠躬尽瘁，死而后已"连在一起，他是人民的好总理，他的身上集中体现了中华民族的优秀品德。许多人至今一提起周总理还是热泪盈眶。我们有幸在步入社会前夕聆听他的教诲，终身受益，终生难忘。

我一直珍藏着这次报告的入场券，小心翼翼地把它夹在我的日记本里。可是"文革"中接受审查时军宣队收走了我的日记，等事后归还给我时，却不见了那张入场券，问谁谁也不知道。我最珍贵的入场券就这样丢了。但我们这一代人将永远怀念周总理，我们也会告诉我们的子孙，永远记住人民的好总理周恩来。

◆ 薛啸宙（中国科学技术大学1958级技术物理系校友）◆

一枚纪念章

我在整理旧物时，总不忘将关于中国科学技术大学的东西小心存放。几十年来，搬家时丢失了不少东西，然而有几样关于中国科学技术大学的东西一直保存至今。除了中国科学技术大学民乐队乐谱（已经捐赠给中国科学技术大学档案馆永久保存）、同学的照片以及一枚纪念封外，还有一件"古董"值得一提。

1963年，我们从中国科学技术大学毕业，是中国科学技术大学第一届学生，理应有个纪念。于是每个同学就有了一枚"中国科大毕业纪念"章。

薛啸宙校友珍藏的毕业纪念章

纪念章虽不知是谁设计的，但整个图案简洁明了——书本：表示这个学校是要读书的，这在当时的政治环境下并非所有的高校都能做到；三面红旗：指1958年中共中央提出的社会主义建设总路线、"大跃进"和人民公社；火箭：表示科大培养的是尖端科技人才。

当时这样的纪念章大约有一千多枚。1988年，中国科学技术大学建校30周年，当我佩戴这枚纪念章在校园里参加庆祝活动时，许多人还是很好奇，觉得这个人戴了这么个粗糙的徽章，怎么还颇显得意。直到有第一届校友感叹："我也有的，但不知在哪里了。"大家才知道这是中国科学技术大学的"古董"。我把纪念章翻过来给大家看背面，"58-63"的字样还清晰可见，这可是中国科学技术大学第一个五年。

◆ 薛啸宙（中国科学技术大学1958级技术物理系校友）◆

南口农场里的劳动课

这是1963年10月9日,中国科学技术大学某位未署名的同学在北京西北郊昌平县南口农场创作的黑板报,黑板报的内容充满时代色彩。

中国科学技术大学
同学制作的黑板报

即使以今天的眼光来看,这份黑板报的设计也颇见水平。作者的粉笔字有相当的功底,配图也恰如其分,挺拔繁密的青松表示同学们的冲天干劲,音乐符号则缓和了整个板块的阳刚之气,为观看者带来一份舒缓的视觉感受。当然,黑板报内容抒发的感情非常饱满,在今天看来有些超出于一般了,或许现在的我们不一定能准确理解当年历史背景下青年学子的切身感受,但通过板报内容可以看出他们通过劳动磨炼了自己的意志,在劳动中人生观念发生了改变。现在让我们来回顾一下当年的大学劳动课。

20世纪60年代，劳动课是高校课程表中的重要组成部分。由于要集中精力攀登科学技术的高峰，中国科学技术大学学生的劳动课相比其他学校要少一点，但也非常繁重，每年总有两个月的时间放在劳动上，劳动课的安排，有开学后的集中劳动，有暑期的集中劳动，也有每周固定时间的劳动。北京西北郊昌平县南口农场是中国科学技术大学师生集中劳动的一个定点场所，1963年至1964年，每年都有四五百名师生在秋季学期开始时来到这里集中劳动。对于劳动过程，中国科学技术大学1964级近代化学系校友冯大诚回忆道：

"南口农场位于一个大的河滩谷地上。我们去的时候，那里的苹果树已经种上了，还没有结果。我们的任务是在苹果树的边上挖坑，要在距每棵树两边一米远的地方挖一个两米长、半米多宽、一米多深的坑。那里的土地真是瘠薄，大大小小的鹅卵石与土夹杂在一起，用铁锹挖不动，用镐头刨也不好刨，有的石头就得用镐抠出来后再用手搬。我那时候个子还没有长起来，又瘦又小，之前从来没有使过锹、镐一类的工具，干活特别吃力。好在那时候并没有'承包责任制'，几个同学一起干，北方农村来的同学就干得多，他们的年龄也普遍比较大一点。坑挖好后在里面放青草，再填上踩实，据说这就是施肥。在那里劳动了十几天，当时刚上大学，又初到北方农村，对一切都感到新鲜，第一次见到在街上乱跑的猪，看到了用土和石头筑成的院墙。所以，除了身体累一些之外，倒也不觉得有多苦。在那里劳动的最后一天是中秋节。晚饭的时候，除了较为丰盛的饭菜之外，每人领到了两块月饼。饭后大家集合在在南口农场的广场上，观看同学们自编自导自演的文艺演出。那天天气晴朗，有月亮，略有一点云。我从小生活在城市，从来没有在旷野里欣赏过八月十五的圆月，于是和一位同学坐到了广场的后边，坐着静静地聊天、赏月、吃水果和月饼。过完中秋节，劳动课就结束了，返校之前，我们去游览了长城。我们从南口坐蒸汽火车过去，沿着詹天佑设计的'人'字形轨道，到达了青龙桥车站，然后步行去八达岭。八达岭长城的游人极少极少，同学们几个人一伙，也不知道往哪边走更好。我们几个同学目测了一下，决定哪边高就往哪边爬。我们爬到了最高的烽火台，再往前就是残缺不全的长城了。有一块告示牌非常醒目：外国人未经许可禁止逾越，我们几个同学都说我们是中国人，当然可以逾越了，于是又往外走了一小段。"

同学们在南口农场劳动

同学们在长城合影

冯大诚校友的回忆是比较清晰的，学校档案馆保存的文件材料中也记录着当年中国科学技术大学师生在劳动中的故事。中国科学技术大学师生在劳动中干劲足、热情高，不惧炎热，有时还冒雨劳动，手上磨出泡、背上晒脱皮的同学比比皆是，没有人因为一点小困难而停止劳动，连当地的社员也受到感动。有一位退休老工人靠退休金生活，本不需要参加劳动，但和中国科学技术大学的师生接触久了之后也说："北京的大学生都来收麦，我住在农村不劳动，说不过去。"于是这位退休老工人主动参加了劳动。1961级无线电电子学系周笑梅同学因病没有被允许参加劳动，她妈妈还在家看护着她，结果她找保姆借钱坐车到农场，加入了同学们的劳动集体。同学们不仅在农忙之中表现出色，和老乡的关系也处理得不错，他们帮助老乡打扫庭院、担水磨面、理发、教小孩识字，乡亲们也帮同学们洗衣服、洗被子、缝补衣服、准备热水，关系非常融洽。物理教研室王立英老师在劳动期间生病高烧，房东王大娘连续照顾四天，直到学校来人将王老师送回学校治疗。劳动期间，同学们积极开展文娱活动，调节劳动的气氛，通过唱歌、快板、相声、舞蹈等形式在田间地头表演，活跃劳动情绪，大家受到感染，很多时候是在欢声笑语中度过的。

同学们组成的慰问劳动演出队在火车上排练

◆ 方黑虎 ◆

《蛙鸣》：来自学生的学术刊物

我们现在看到的是20世纪80年代的一张照片，中国科学技术大学数学系的一群同学正在进行学术方面的讨论。这群同学有一个共同身份，他们都是中国科学技术大学数学系学生自办刊物《蛙鸣》的编委。他们定期举行蛙鸣讨论会，讨论同学们的来稿，确定每期《蛙鸣》的刊登稿件。

《蛙鸣》杂志编委讨论会

1978年3月，全国科学大会召开，全国各地有志于学习科学技术的青年争相报考中国科学技术大学，一大批优秀学子进入中国科学技术大学数学系。他们刻苦学习，立志为祖国夺回失去的十年。1981年6月，苦于同学们之间的学术讨论缺少交流的平台，一个大胆的想法在数学系1978级学生之中诞生了。王翎、胡森、鄂维南、莫小康、汪扬等联合发起，要创办一本属于学生自己的杂志，鄂维南建议用《蛙鸣》作为杂志的名称，得到大家的热烈赞成。青蛙是春天的使者，在自然界生命中第一个发出对于春天的嘹亮呼唤，"春来我不先开口，哪个虫儿敢出声"，这是中国科学技术大学数学系同学在科学的春天里发出的最热烈的呼唤。正如谷超豪院士给《蛙鸣》题词所说的那样"其形虽小，其声也宏；充实基础，奏出强音"。几位同学的提议得到了数学系和学校的鼎力支持，尤其得到了数学系全体同学的热情参与，《蛙鸣》第一期很快就面世了。

"在目前我们周围缺乏这种生气勃勃的学术氛围的情况下，我们是多么希望有一个共同探讨、自由交流的园地啊！你现在手拿着的《蛙鸣》，正是这样一份有你在内，每人都编辑的小报，这是一份希望沟通我们的思想，消除隔阂，让大家充分发表哪怕不成熟的看法的小报。它缘以哲学、自然科学，尤其是同学们熟悉的数学和物理为主要内容，也将包括某些自然科学与社会科学相联系的问题。稿件不拘形式，希望同学们都来关心《蛙鸣》，踊跃投稿。可以是学派、流派、问题和观点的介绍，自己解决的具体问题，也可以是富有启发性的诗稿。更希望能把自己探索过程中获得的观点、体会、方法提供出来，让不同的观点在讨论中得到发展。"在《蛙鸣》的发刊词中，同学们清晰地描绘了他们创办刊物的宗旨、目的和希望。也正如他们所希望的那样，《蛙鸣》杂志立足于数学系，面向中国科学技术大学全校同学，并辐射其他学校数学系，其内容具有一定的专业性但又不乏趣味，是学习数学的良师益友，所以迅速成为学生学术交流的平台。

《蛙鸣》杂志是数学系师生之间学术交流的一条纽带，不少教师和学生一起讨论，热情地指导他们写作。张景中、单墫、李尚志和余红兵等老师都曾给《蛙鸣》提出过不少建议，他们主张让学生自己去做，这既可培养学生分析问题和解决问题的能力，又能提高他们的科研水平。"在数学的王国里，我们是小孩，但我们精力充沛，勇往直前。请携起手来，让《蛙鸣》歌唱得更响亮。"《蛙鸣》把有志于数学研究的中国科学技术大学学子凝聚在一起，走向远方。

《蛙鸣》杂志创立三十多年来，成为了中国科学技术大学同学、尤其数学系同学畅谈学术志向、交流学习体会的园地。这里哺育了中国科学技术大学一代又一代的数学骄子，同学们发表的一篇篇习作，记录着他们科研起步、人生成长的轨迹，也承载着未来数学家们的梦想。我们来看《蛙鸣》发起者的今天：鄂维南，中国科学院数理学部院士；胡森，中国科学院"百人计划"入选者，中国科学技术大学数学系教授；汪扬，美国密歇根州立大学数学系主任；莫小康，美国斯坦福大学博士、北方之星数码技术有限公司创始人和总经理。从这里，我们不难发现，《蛙鸣》确实不负其助力中国科学技术大学学子成长为学术人才的初衷，得有所成。

◆ 方黑虎（根据成立庚、宋昌耐、张韵华原作《蛙鸣》改写）◆

一枚纪念封

1988年9月，中国科学技术大学建校30周年，我去合肥参加庆祝活动，见到多年未见的老师同学，非常兴奋。

学校方面组织了一个座谈会，有新老校领导、老师和各地的同学代表参加，常州地区派我去参加。严济慈老校长也到会看望大家。老人家快九十岁了，执意要来见我们这些后辈，这些他栽培过的学生。大家都非常激动，使劲鼓掌。

薛啸宙校友捐赠的建校30周年纪念封

不知谁第一个掏出这次校庆发行的纪念封，请严老签字，其余人（包括我）纷纷效法。会议主持人担心影响严老身体，婉言挡住了众多信封。我和一些同学便转而请与会的"名人"签字，当时在我的纪念封上签名的有学校老领导郁文、田夫、武汝扬，时任校长谷超豪，同学中的佼佼者赵启正、赵忠贤、王震西、郭庶英、陈昊苏、姚广义等。

虽然没有请到严老签字，可是信封上端印着严老为此次校庆的题词已让我满足。几十年来我一直小心保存着这枚纪念封（已经捐赠给中国科学技术大学档案馆永久保存），它令我感到温暖。

◆ 薛啸宙（中国科学技术大学1958级技术物理系校友）◆

后　　记

2015年7月，学校档案馆举办"使命与责任——中国科大科学家手迹展"，集中展示了部分珍贵的馆藏著名科学家手稿。时任校党委书记许武和时任校长万立骏参加开展仪式，并给予好评。展览引起了广大师生和社会各界的广泛关注，产生了较好的社会影响。

展览结束后，分管宣传、档案等工作的陈晓剑副校长找到我们，强调档案工作在校园文化建设中的重要性，鼓励我们一定要充分利用馆藏档案资源，不能入宝山而空手归，要将拥有的资源"吃干榨尽"，深入挖掘学校发展过程中的历史细节，讲好中国科大故事。于是我们萌发了编写系列"档案背后的中国科大故事"的想法。

2016年，《北京档案》杂志以"讲述档案背后的故事"为主题面向全国征文，档案馆方黑虎老师以《档案里的大爱》一文投稿并获奖，这更坚定了我们编写系列"档案背后的中国科大故事"的信心。随后，我们商定，从研究馆藏档案入手，多方搜寻历史资料，共同编写系列故事。我们希望这些故事能够通过学校的自媒体平台在全体师生员工和校友之间传播，以活跃校园文化气氛，闻听学校历史的回声。

2017年，学校启动建校60周年校庆筹备工作，校史文化建设是其中重要组成部分。很幸运，我们编写的系列故事获得了学校领导的重视和支持。学校希望我们将编写完成的首批40个故事结集出版，于是就有了此书——《永恒的东风：中国科大故事》。"永恒的东风"取自首任校长郭沫若作词的校歌歌名,唯愿书中传递的科大精神与文化如东风一样永恒。希望此书能唤起您心中关于中国科大的记忆,于中国科大的校园文化建设亦有所裨益。

在编写过程中,我们得到了1958级技术物理系校友薛啸宙先生赐稿,得到了校庆办公室的大力支持,校庆志愿者孙雪莲同学帮助做了一些校对工作,在此一并表示感谢。

由于编写者水平有限,掌握资料尚不全面,本书难免有疏漏和不足之处,敬请斧正。

编者
2018年2月5日